인생론

삶에 관하여

인생론

삶에 관하여

레프 톨스토이 지음
방교영 옮김

뿌쉬낀하우스

일러두기

1. 이 책은 러시아어 고유명사의 표기에 있어 국립국어원의 표기법에 따르고 있음을 밝힌다.

2. 이 책의 모든 각주는 톨스토이 자신의 것이며, 역자주와 편집자 주는 따로 표기하였다.

차례

간행인의 말　　007

인생론 – 삶에 관하여　　013
　서론　　015
　본론　　033
　　I　　035
　　II　　040
　　III　　046
　　IV　　050
　　V　　054
　　VI　　062
　　VII　　067
　　VIII　　072
　　IX　　076
　　X　　080
　　XI　　083
　　XII　　090
　　XIII　　096
　　XIV　　103
　　XV　　109
　　XVI　　114
　　XVII　　118
　　XVIII　　121
　　XIX　　127
　　XX　　133

XXI	137	결론	246
XXII	144	부록	249
XXIII	149		
XXIV	160	역자 후기	261
XXV	166		
XXVI	171	레프 톨스토이 연보	278
XXVII	176		
XXVIII	184		
XXIX	193		
XXX	198		
XXXI	203		
XXXII	211		
XXXIII	218		
XXXIV	226		
XXXV	239		

간행인의 말

이 책은 대문호 톨스토이가 『참회록』, 『나의 신앙』과 더불어 스스로 3대 걸작이라고 일컬은 작품이다. 그만큼 심오한 정신과 진지한 성찰이 담겨있는 대작으로 작가의 삶 전체를 관통하는 철학이 함축되어 있다. 즉, 삶과 죽음, 본성과 이성, 행복과 불행, 선과 악 등 인간의 모든 요소를 검증해 나가며 '어떻게 살아야 할 것인가'에 대한 해답을 구하고 있다. 이 해답을 구하기 위해 톨스토이가 사용하고 있는 용어들은 러시아어를 모르는 독자들에게 낯설거나 난해할 수 있다. 이에 간행인으로서 몇 가지 지침을 제공하고자 한다.

1. 삶 жизнь

'삶'에 관한 해답을 찾아가는 과정에서 가장 중요한 단어는 러시아어의 'жизнь(쥐즌, life)'이다. 이 단어는 영어와 마찬가지로 '살다'라는 동사의 명사형이지만, 우리말과 달리 '생명', '삶', '인생' 모두를 의미한다. 톨스토이가 '인간의 삶'으로 인식해 온 이 단어가 자연과학의 '생명'이라는 용어로 축소되면서 생긴 괴리를 지적하는 것으로부터 톨스토이는 자신의 이야기를 전개한다.

번역자는 글의 맥락을 파악하여 이 단어를 세 가지 용어로 적절히 선별하여 번역하였으나, 때로 톨스토이는 하나의 단어로써 다양한 층위의 개념을 설명하고자 하였으므로 독자들의 능동적인 독서가 필요하다. 즉, 독자들은 번역문의 '생명', '삶', '인생' 등을 접할 때 다른 개념으로도 대입해 보며 톨스토이와 소통하길 권한다.

우리에게 잘 알려진 제목인 '인생론'이라는 이 책의 원제는 '삶에 관하여'이다. 이 단어 'жизнь'은 '죽음'과 대립되는 개념인 만큼 '생명'이나 '인간의 삶'을 의미하는 '인생'보다는 포괄적인 개념이다.(톨스토이는 'жизнь(삶)'가 'человеческая жизнь(인간의 삶)'을 구별하여 쓰고 있다.) 특히 톨스토이는 '죽음'의 개념을 자세히 설명함으로써 죽음에 대한 정확한 인식이 더욱 풍요로운 삶을 살 수 있도록 한다고 주장한다. 즉 이 책은 삶에 관한 책이자 죽음에 관한 책인 것이다.

2. 동물적 자아와 이성적 의식 животная личность и разумное сознание

이 책에서 빈번하게 등장하는 개념 중 하나가 인간 내면에 존재하는 두 가지 속성, 즉 본능과 이성이다. 톨스토이는 이것을 각각 '동물적 자아'와 '이성적 의식'이라 명명한다. 그에 따르면 모든 생명체가 가지고 있는 생존을 위한 본능이 동물적 자아이며, 이성적 의식은 인간만이 가지고 있는 고유한 특성으로 이성적 의식의 발현이야말로 인간의 삶을 행복으로 이끄는 원동력이 된다는 것이다. 이를 위해서 인간에게 내재되어 있는 동물적 자아가 이성적 의식에 따라야 하는 삶을 살아야 한다. 톨스토이는 이 두 개념을 '자아'와 '이성'으로 빈번히 표현하였다. '자아'로 번역된 'личность(리츠노스찌)'는 '개인, 개성, 자아' 등 다양한 의미를 가지고 있으나 이 책에서는 대부분 '자아'로 번역되었고 문맥에 따라 '개인'으로도 번역되었다. 즉, 이 책에서 '자아' 또는 '개인'이라는 단어는 톨스토이의 관점에서 '동물적 자아' 즉, '동물적 본성'을 의미하고 있음을 강조하고자 한다.('개인의 삶', '개인의 행복'은 '자아의 삶', '자아의 행복'과 동일한 개념이다.) 톨스토이의 논리에 따르자면, 이 '자아'의 개념은 서양 철학의 'ego(에고)'와 흡사함을 밝혀둔다. '이성'인 'разум(라줌)'이라는 단어는 인간만이 가진 근원적 속성으로 긍정적 의미로 사용되었음을 기억할 필요가 있다.

3. 요구와 욕구 требование и потребность

이 책에 또 자주 등장하는 개념은 (동물적) 자아의 요구 및 욕구이다. 러시아어의 같은 어원에서 출발한 이 두 단어는 일견 유사하면서 다른 의미를 가진다. 요구(требование, 뜨례보바니에)는 '주체가 특정 대상에 대해 필요로 하는 것'이며, 이 책에서는 '자아의 요구требование личности', '삶의 요구требование жизни', '의식의 요구требование сознания' 등으로 사용되었다. 욕구(потребность 빠뜨례브노스찌)는 '주체가 스스로 필요로 하는 것'으로 이 책에서는 '자아의 욕구потребность личности', '삶의 욕구потребность жизни' 등으로 쓰였다. 번역 상 혼동이 없어야 하는 개념이다.

4. 행복 благо

이 책과 톨스토이의 철학을 보다 정확하게 이해하기 위해 독자들에게 또 하나의 러시아어 단어를 소개하고자 한다. 바로 'благо(블라고)'라는 단어이다. 이 단어는 '선(善)'이라는 의미와 '행복'이라는 의미를 동시에 가지고 있다. 보통 러시아어에서 '선'은 'добро(도브로)', '행복'은 'счастье(샤스찌예)'라는 단어를 사용한다. 하지만 톨스토이는 '선'과 '행복'을 동시에 의미하는 이 단어를 선택하여 사용하고 있다. 이것은 톨스토이의 철학을 함축하는데, 그에게 있어 '행복'은 '선'이며, '선'은 '행복'인 것이다. 인생에 관한 그의 논리는 매우 정확하다. 인간의 삶은 행복을 위한 것이며, 이 행복은 자신이 아닌 타인의 행복에서 비롯되어야 하며(선), 타인의 행복에서 비롯된 '선'을 그는 '사랑'이라고 부른다.

이 책은 인간의 고통과 죽음의 원인을 고찰하며, 인간의 삶, 즉 인생에 대한 진지한 결론에 도달한다. 마치 종교의 한 경전을 방불케 하는 이 대작을 통해 많은 독자들이 '어떻게 살아야 하는가'에 대한 해답을 찾기를 희망한다. 톨스토이의 전집을 출간하고 있는 발행인으로서 모든 독자들에게 톨스토이의 걸작이자 인류의 걸작인 『인생론』의 일독을 권한다.

뿌쉬낀하우스 원장 김선명

인생론

삶에 관하여

인간은 갈대일 뿐이다. 자연에서 가장 약한 갈대다. 하지만 생각하는 갈대다. 인간을 없애려고 온 세상이 무장할 필요는 없다. 공기 혹은 물 한 방울로도 인간을 죽일 수 있다. 하지만 세상이 인간을 죽인다 해도 인간은 그 세상보다 훨씬 더 고귀하다. 왜냐하면 인간은 자신이 죽는다는 것을 알기 때문이다. 인간은 세상이 자신보다 더 강하다는 것을 알지만, 세상은 그것을 모른다. 우리는 생각하기 때문에 고귀한 것이다. 바로 여기서 우리는 일어서야 한다. 우리가 채울 수 없는 공간이나 시간이 우리를 일으켜 세워 주는 것이 아니다. 생각하려 노력하자. 여기에 도덕의 원칙도 존재한다.

— 파스칼 —

내 마음을 늘 새롭고 한층 더 감탄과 경외심으로 가득 채우는 것이 두 가지 있다. 그것은 별이 빛나는 하늘과 내 속에 있는 도덕법칙이다. 전자는 감각적 세계의 나를 세계와 체계를 초월한 광대한 세계로 확장시킨다. 그리하여 태초부터 지금까지 이어지는 광대하고 무한한 시간 속에 나를 세워 놓는 것이다. 후자는 나의 내면을 확장하여, 무한성을 지닌 세계 속에서 나 스스로를 성찰하게 한다. 그 세계는 오로지 이해를 통해서만 분간되는 세계이며, (그리고 가시적 세계에 대한 이해를 바탕으로) 매번 같은 방식으로는 아니라 해도 내가 보편 및 필연과 연결된다는 점을 스스로 깨닫게 한다.

— 칸트 〈실천이성비판〉 —

새 계명을 너희에게 주노니, 서로 사랑하여라.

— 요한 12장 —

서론

 생계 수단이라고는 오직 물레방아밖에 없는 방아꾼이 있다. 아버지도 할아버지도 방아꾼이었던 그는 대대로 내려온 가르침에 따라 방아를 어떻게 다루어야 하는지 잘 알고 있다. 이 방아꾼은 기계이론을 모른다. 하지만 물레방아가 밀을 잘 빻을 수 있도록, 그리고 자신이 잘 먹고 살 수 있도록 방아의 각 부분에 대한 사용법을 배웠다.
 그러던 어느 날 방아꾼은 방아의 구조에 관해 생각하게 되고, 기계이론에 관한 모호한 설명을 듣고는 방아가 어떻게 돌아가는지 살펴보게 되었다. 제동기에서 맷돌로, 맷돌에서 회전축으로, 회전축에서 물레바퀴로, 물레바퀴에서 판으로 이어지는 원리를 파악하고, 마침내 모든 것이 둑과 물에 의해 이루어진다는 사실을 확인했다. 방아꾼은 발견과 깨달음의 기쁨 때문에 방아 찧기 대신 강 연구에 몰두했다. 빻은 가루의 품질을 살펴보며 맷돌을 올리고 내리고 벨트를 조이고 늘

리는 일은 그만두게 된 것이다. 그러자 방앗간은 완전히 엉망이 되어 버렸다. 주변사람들은 방아꾼이 엉뚱한 일을 한다고 불평하기 시작했다. 하지만 방아꾼은 사람들의 말에 귀 기울이지 않았다. 그리고 강에 대한 생각만 했다. 오랜 시간 동안 강에 관해 연구하고, 방아꾼의 연구 결과에 대해 비판적인 사람들과 수없이 많은 토론을 벌인 끝에 방아꾼은 강이 곧 방아라는 확신을 얻게 되었다.

이것이 잘못되었다는 모든 반박에 대해 방아꾼은 이렇게 말할 것이다.

"어떤 방아라 해도 물 없이는 가루를 빻을 수 없는 법이지요. 그러니까 방아를 알려면 물이 오는 방향과 물의 힘, 그리고 물을 대는 방법을 알아야만 합니다. 그러니 당연히 방아를 알려면 강을 알아야 하는 것입니다."

방아꾼의 생각은 논리적으로 완벽하지만 실제적으로는 비합리적이다. 중요한 것은 논리 자체가 아니라 사고의 체계성과 합리성이다. 즉 무엇을 먼저 생각하고 무엇을 나중에 생각할지 판단하고, 어떤 것이 가장 중요하고 어떤 것이 덜 중요한지 인식함으로써 체계적·합리적으로 목적을 실현할 수 있어야 한다. 어떠한 생각이든 중요도에 따라 첫 번째, 두 번째, 세 번째 등 순서가 정해져야 한다. 체계적 질서와 합리적 판단의 결여는 비합리적 행동으로 이어지기 때문이다. 생각의 순서는 우연히 정해지는 것이 아니라 생각의 목적에 따라 정해져야 한다는 사실을 방아꾼은 알아야 한다.

모든 생각의 순서는 목적에 의해 정해진다. 그 순서 속에서 개별적인 생각이 합리화되어야 한다. 보편적 목적과 관련이 없는 모든 생각은 아무리 논리적이라 하더라도 무모하다.

방아꾼의 목적은 가루를 잘 빻는 데 있다. 이 목적을 기억한다면 맷돌, 물레바퀴, 둑과 강에 관한 생각의 질서와 순서가 확실하게 정해지게 된다.

하지만 생각의 목적에 관한 확실한 입장이 없다면, 방아꾼의 생각은 아무리 훌륭하고 논리적이라 해도 그 자체가 잘못된 것이고 쓸모가 없다. 이것은 마치 코끼리가 새처럼 알에서 부화한다면 알의 두께가 얼마가 될지 고민했던 키파 모케예비치*의 실례와 유사하다. 현대 학문의 삶에 대한 고찰도 이와 같다는 생각이 든다.

삶이란 인간이 연구하고자 하는 물레방아이다. 물레방아는 가루를 잘 빻기 위해 필요하고, 삶은 잘 살기 위해 필요하다. 연구의 이 목적을 단 한 순간도 잊어서는 안 된다. 연구목직을 잊어버리면 생각은 의미를 잃게 될 것이며, 코끼리 알을

---

* 고골의 「죽은 혼」에 나오는 인물(편집자 주)

깨뜨리기 위해 어떤 화약이 필요할지 고민했던 키파 모케에비치의 생각처럼 쓸데없는 것이 된다. 인류가 삶을 연구하는 목적은 오로지 삶을 개선하는 데 있다. 지식의 진보를 이끌었던 사람들은 이런 차원에서 삶을 탐구해 왔다. 하지만 예나 지금이나 이런 인류의 참된 스승과 은사들 주변에는 생각의 목적을 망각하고 삶의 발원, 즉 방아가 돌아가는 이유를 분석하는 공상가들이 있다. 어떤 공상가는 방아가 물에 의해 돌아간다고 하고, 또 다른 공상가는 구조에 따라 돌아간다고 주장한다. 이런 방식으로 논쟁이 심화되다 보면, 논의는 본론에서 점점 멀어지고 아예 다른 문제로 변질되고 만다.

유대인과 그리스도인의 신앙 논쟁에 관한 재미있는 일화가 있다. 유대인이 어렵고 아리송한 질문을 하자, 그리스도인이 손바닥으로 유대인의 대머리를 철썩 소리 나게 때리면서 "이 소리가 어디서 난 거요, 손바닥이요? 아니면 당신 대머리요?"라고 물었다. 그러자 신앙 논쟁은 답이 없는 새로운 질문으로 바뀌고 말았다.

참된 지식과 인생에 관한 논의도 오래 전부터 지엽적인 문제에 편중된 채 지속됐다.

생명이 비물질적 기원을 갖는가, 아니면 다양한 물질의 합성에서 비롯되었는가에 대한 고찰은 오래 전부터 존재했고,

논쟁은 아직도 계속된다. 그러나 이러한 논쟁은 논의의 목적과 동떨어져 있어서 어떤 결론에도 이르지 못 할 것이다. 이러한 모든 논쟁이 목적과는 동떨어져 있어 삶 역시 삶의 목적과는 무관하게 논의되고 있기 때문이다. 따라서 삶이라는 말은 삶 자체가 아닌 삶의 발원이나 삶이 수반하는 것들을 의미하게 되었다.

현재 학술서적이나 일상대화에서도 삶을 이야기할 때면, 우리가 모두 아는 삶을 논하지 않는다. 두려워서 피하고 싶은 고통이나, 혹은 간절히 꿈꾸는 쾌락이자 기쁨을 통해 인식하는 삶을 이야기하지 않는다. 대신 어떤 물리적 법칙에 따른 우연에서 발생했거나 혹은 비밀스런 원인에 의해 발생했을지 모를 그 무엇에 관해서 이야기할 뿐이다.

현재 '삶'이라는 단어는 삶의 중요한 특성인 고통과 쾌락에 대한 인식 및 행복 추구와 무관한 불확실한 개념을 의미한다.

"생명*은 죽음에 저항하는 일련의 기능이다. 생명은 조직화된 존재 안에서 제한된 시간 동안 서로를 따르는 현상의 집합이다."✽

✻ '생명'이라고 번역된 이 단어는 톨스토이의 주장에 따르면 '삶'이 축소된 개념이다. 니기의 인용문들은 '삶'의 개념을 자연과학자들이 '생명'으로 축소시키고 있다는 것을 입증하는 실례로 쓰였다.(편집자 주)

✽ 원문은 다음과 같이 불어로 되어 있는데, 이것은 마리 프랑수아 사비에르 비샤(1771년~1802년, 프랑스의 생리학자)의 말이다. «La vie est l'ensemble des fonctions, qui

"생명은 보편적이며 끝없이 생성되는 분열과 결합의 이중적 과정이다. 생명은 다양하고도 순차적인 변화의 결합이다. 생명은 활동하는 유기체이다. 생명은 유기체의 특수한 활동이다. 생명은 외부에 대한 내적 순응이다."

정의가 모호하지만, 반복적으로 지적되는 내용의 본질은 동일하다. 이것은 '삶'에 대한 보편적 인식을 정의한 것이라기보다는 생명과 다른 과정에 수반되는 어떤 과정을 별개의 삶으로 규정한 것이다.

부러진 결정체가 복원되는 현상도 이 정의 대부분에 부합한다. 발효나 부패는 몇몇 정의에 부합하며, 선악과 무관한 개별적인 신체 세포는 전체 정의에 부합한다. 하지만 현재 결정체, 원형질, 원형질의 핵, 세포 속에서 벌어지는 몇몇 과정들이, 나에게 있어 인간의 행복 추구 의지와 끊임없이 결합되는 단어*로 불리고 있다.

삶에 관한 논의에서 몇몇 생명의 조건만을 논하는 것은 물레방아에 대한 논의에서 강을 논하는 것과 마찬가지이다. 이런 고찰은 어떤 경우에는 매우 필요할 수도 있다. 그러나 이런 식의 논의는 본질에서 멀어지는 결과를 초래한다. 따라서

---

résistent à la mort. La vie est l'ensemble des phénomènes, qui se succèdent pendant un temps limité dans un être organisé».(편집자주)

✶ жизнь(쥐즌, 생명 혹은 삶)(편집자주)

이런 식의 고찰에서 나온 삶에 관한 모든 결론은 거짓이 아닐 수 없다.

'삶'이란 말은 간단명료하여 누구나 무슨 뜻인지 안다. 그러므로 일반적이고도 명료한 의미로 이 단어를 사용해야 한다. 이 단어가 많은 개념을 파생시키는 기본 개념이기 때문이다. 삶의 개념을 모두가 명확하게 알고 있는 핵심적인 의미로 사용할 때 결론을 도출해 낼 수 있다. 하지만 '삶'은 처음부터 부가적인 의미로 쓰이다가 논쟁이 진행됨에 따라 점점 더 중심적인 의미로부터 멀어지게 되었고 결과적으로는 본래의 의미를 잃고 전혀 다른 뜻을 가지게 되었다. 원을 그렸던 본래의 중심점이 사라지고 원의 중심이 바뀌어 버린 꼴이다.

사람들은 생명이 세포 내에 있는지, 원형질 내에 존재하는지, 아니면 더 아래 무기질 내에 존재하는지 논쟁하고 있다. 하지만 이 논쟁에 앞서 자문해야 할 것이 있다. 우리에게 과연 세포에 생명의 개념을 부여할 권리가 있는가?

예컨대 우리는 세포에 생명이 있고, 세포는 살아 있는 존재라고 말한다. 그러나 인간의 삶이라는 기본개념과 세포 속에 있는 생명의 개념은 본질적으로 다를 뿐만 아니라 서로 양립할 수 없는 개념이다. 내 몸 전체가 세포로 구성되어 있다는 것은 알고 있다. 하지만 학자들은 이 세포들이 나와 같은 삶의 속성을 가지고 있으며 나와 같은 생명체라고 주장한다. 내가 살아있다고 스스로 인정하는 이유는 나 스스로가 모든 세포를 포함하여 나 자신을 분리할 수 없는 단 하나의 생명체로 인식하기 때문이다. 그들은 나의 전체가 각각의 살아 있는 세포로 구성되어 있다고 주장한다. 그렇다면 삶의 속성을 어디에 부여해야 할 것인가? 세포에, 아니면 나 자신에게? 각각의 세포가 삶을 가지고 있다고 가정한다면 내 삶의 주요 속성, 즉 나 자신을 하나의 생명체로 인식하는 속성을 배제해야 한다. 한편, 내가 하나의 독립된 생명체로서 삶을 가지고 있다고 가정한다면 나의 몸을 구성하고 있는 세포들에게는 같은 속성을 부여할 수 없다.

둘 중 하나다. 내가 살아있으면서 나의 내부에 세포라는 생명이 없는 분자들이 존재하거나 아니면 나는 살아 있는 세포의 집합체로서 내가 살아있다는 인식은 이미 생명이 아니라 환상에 불과한 것이다.

우리는 세포 속에 '무언가'가 있다고 말하지 않고 '생명'이 있다고 말한다. 여기에서 '생명'이라는 것은 x라는 '미지의 무언가'를 염두에 두고 말하는 것이 아니라 우리 모두가 동일하게 알고 있는 명확한 개념을 뜻한다. 즉 우리는 자신과 분리시킬 수 없는 육체와 동일한 개념으로서 '생명'을 인식하기 때문에 세포 속에 생명이 있다고 말하는 것일 뿐 생명의 개념은 우리 육체를 구성하는 각각의 세포와는 무관하다.

연구나 관찰의 결과를 서술할 때는 모두가 동일하게 알고 있는 명확한 개념을 사용해야 한다. 필요하다고 나만의 개념을 끌어들이거나 모두가 잘 아는 기본 개념에서 벗어나선 안 된다. '생명'이란 말을 구별 없이 사용할 수 있다고 치자. '세포'와 '세포로 이루어진 동물'을 구별하지 않는 것처럼, '구성인자'와 '구성인자로 이루어진 대상 전체'를 구별하지 않는다면, '글에 담긴 생각'과 '단어' 및 '문자'를 동일시하여 마침내 '문자의 획이 곧 생각'으로 여겨지게 될 것이다.

예를 들어, 학계에서 물리적·기계적 힘의 작용이 생명의 기원이라고 논하는 것을 보고 듣는 것은 아주 흔한 일이다. 사실 거의 대다수 학자가 … 뭐라 말해야 할지 난감하나 … 의견이라고 할 수도, 역설이라고 할 수도 없는, 오히려 농담이나 수수께끼에 가까운 이 주장에 찬성한다.

이들은 생명이 물리적·기계적 힘의 작용에 의해 생겼다고 주장한다. 즉 우리가 생명과 대립된 개념으로서 말했던 물리적 에너지와 기계적 에너지에 의해 생명이 탄생되었다는 주장이다.

전혀 다른 개념에 적용되는 '생명'이란 단어는 본래의 의미에서 점점 벗어나 마침내 생명이 존재할 수 없는 곳에 이르게 됨으로써 본질에서 아예 멀어진 것이 분명하다. 이것은 중심이 외부에 있는 원과 구가 존재한다는 주장과 같다.

나는 악으로부터 선을 추구하는 것이 삶이라고 생각해 왔는데, 이 삶은 실상 선도 악도 볼 수 없는 영역에서 발생하고 있다. 삶 개념의 중심이 완전히 원 밖으로 옮겨진 것이 분명하다. 더구나 삶과 관련된 연구들을 보면, 내가 아는 삶의 개념과 관련이 거의 없다. 학술 언어라는 조건부 의미를 갖는다 해도 기존 개념과 아무런 공통점이 없는 새로운 개념과 용어가 너무나 많다.

학계에서 이해하는 '삶' 개념은 보편적인 개념과 다르고, '삶' 개념에서 파생된 개념들 역시 일반적인 '삶' 개념과 일치하지 않는다. 이들 개념은 조건부 의미로 새로운 명칭을 갖는다.

인간의 고유 언어는 점점 학문연구에서 밀려나고, 대신 존재하는 대상과 개념을 표현하는 일반 언어와 차별화된 학술 전문용어가 맹위를 떨치고 있다. 이런 학계의 공용어는 존재하지 않는 개념을 존재하지 않는 언어로 표현한다.

언어는 인간의 유일한 지적 소통수단이다. 언어소통이 가능하려면 모든 인간이 모든 단어를 분명하고 정확한 개념으로 사용해야 한다. 단어를 임의로 사용한다면 말 대신 몸짓으로

소통하는 것이 더 나을 것이다.

관찰이나 실험 없이 이성의 추론만으로 우주 법칙을 규정하는 것은 비과학적이라 참 지식을 얻을 수 없다는 데 나는 동의한다. 그러나 그건 그렇다 쳐도, 일반성 없는 조건부 개념으로 관찰과 실험을 하고 그 결과를 모호한 단어로 표현하면, 그것이 더 최악이 아닐까? 약 봉투에 붙이는 명칭을 내용물대로 하지 않고 약사의 편리에 의해서 표기한다면 최고의 약국도 최악의 해를 끼칠 수 있는 것이다.

물론 사람들은 학문 연구가 삶 전체(자유, 행복 추구, 정신세계를 모두 포함하여)를 목표로 하는 것은 아니라고 말할 것이다. 학문은 그저 연구의 대상이 되는 현상을 삶이라는 개념에서 뽑아내어 연구할 뿐이라고 내게 말할 것이다.

사실이 그렇다면 좋은 일이고 사리에도 맞는다. 그러나 현대 과학자들의 생각이 그렇지 않다는 것을 우리는 잘 안다. 우선, 모두가 인정하는 명료한 핵심개념으로 삶을 정의한 상태에서, 학계가 이 삶 개념 속에서 관찰 대상을 찾고 고유한 연구방법으로 현상을 관찰했다면 정말 훌륭하고 색다른 연구 결과가 나왔을 것이다. 그랬더라면 학계는 근거가 명백한 연구 성과를 이루고, 이를 바탕으로 학문적 위상을 높였을 것이며 그 결과 상황은 완전히 달라졌을 것이다. 우리는 현실을 말해야 하고 아는 사실을 숨겨서는 안 된다. 대부분의 생명 연구자가 삶의 특정 영역이 아닌 삶 전체를 연구한다고 확신하고 있음을 우리는 잘 알고 있다.

천문학, 기계학, 물리학, 화학 그리고 기타 학문의 제반 분야가 각각 또는 함께 특정한 생명의 한 영역을 연구하고 있지만, 생명에 관해선 그 어떤 결론도 내놓지 못하고 있다. 모든 것이 명료하지 않던 미개한 시절에도 몇몇 학문 영역에서 생명의 모든 현상을 아우르려는 시도가 있었다. 그러나 이들은 새로운 개념과 말을 만들어 내면서 혼란에 빠졌다. 점성술 시절의 천문학, 연금술 시절의 화학이 그러했다. 그때와 동일한 상황이 오늘날 경험적 진화생물학에서 반복되고 있다. 생명의 한 측면 혹은 몇몇 측면을 연구하면서 삶 전체를 연구한다고 주장하고 있는 것이다.

자신이 연구하는 학문에 관해 그릇된 생각을 가진 연구자들은 삶의 제한된 몇 측면만 연구 가능하다는 사실을 인정하려 들지 않으며, 외적 연구를 통해서 삶의 모든 현상을 연구할 수 있다고 주장한다. 그 사람들은 이렇게 말할 것이다. "아직 우리는 '정신'(이들은 학계 공용어인 이런 모호한 표현을 좋아한다)을 잘 모르지만, 곧 알게 될 것이다." 생명 현상의 한 영역 혹은 몇몇 영역을 연구하다 보면 우리가 모든 영역을 알게 되리라는 것이다. 즉, 연구 대상의 한 측면을 오랜 시간 열심히 바라보면 언젠가 대상의 모든 측면과 중심까지 깨닫게 된다는 것이다.

미신적인 광기라고밖에 설명할 길 없는 이 놀라운 학설이 실제로 존재한다. 이 기괴한 학설은 사람의 사고활동을 헛된 망상으로 이끌 뿐 아니라 파국에 이르게 한다. 불필요한 연구에 평생을 헌신하게 함으로써 선량한 연구자를 파멸시키고, 불필요한 곳에 인간의 물질적 힘을 쏟아붓게 하여 파멸시키고 키파 모케예비치처럼 가장 헛된 활동을 인류 최고의 봉사라고 주장하면서 젊은 세대를 끌어들여 파멸시키는 것이다.

흔히들 학문은 삶의 모든 측면을 대상으로 한다고 말한다. 그러나 바로 여기에 문제가 있다. 구체(球體)에 수많은 반경이 존재하듯이 모든 사물에는 수많은 측면이 있다. 모든 측면을 연구할 수 없으니 어떤 측면부터 연구하는 것이 더 중요하고 필요한지, 어떤 측면이 덜 중요하고 덜 필요한지 알아야 한다. 사물의 모든 측면에 한꺼번에 접근할 수 없듯이 삶의 현상 모든 측면을 한꺼번에 연구할 수는 없다. 따라서 의지와 상관없이 순서가 만들어지는 것이다. 바로 여기에 문제가 도사리고 있다. 그 순서는 삶을 이해해야만 정해지기 때문이다.

오직 삶을 제대로 이해할 때, 삶의 개념을 기준으로 하여 학문의 중요도에 따라 각 학문을 규정할 수 있고, 모든 학문에 의미와 방향성을 제시할 수 있다. 만일 우리 모두에게 부여된 대로 삶을 충분히 이해하지 못하면 학문 자체가 거짓이 되어 버린다.

우리가 학문이라고 부르는 것이 삶을 규정하는 것이 아니라 삶에 대한 우리의 개념이 학문으로 인정해야 할 것을 규정한다. 따라서, 진정한 학문이 되기 위해서는 반드시 무엇이 학문이고 무엇이 학문이 아닌지 먼저 정해야 한다. 또한 이를 위해 삶의 개념이 명확해져야 한다.

내 모든 생각을 솔직하게 말하겠다. 우리 모두는 그릇된 이 경험 과학의 신념이 지닌 기본적인 도그마를 잘 안다.

물질과 에너지가 존재한다. 에너지는 움직이게 하며, 기계적 움직임은 분자운동으로 전환되고, 분자운동은 열, 전기, 신경 및 두뇌 활동으로 나타난다. 이렇게 생명의 모든 현상은 예외 없이 에너지 관계로 설명된다. 모든 것이 멋지고 단순하며 명확하게 설명된다. 그리고 무엇보다 중요한 것은 간단하게 설명한다는 점이다. 만일 우리의 생명을 단순화할 수 있는 이런 설명이 없다면 우리는 이것을 만들어 내야만 했을 것이다.

나의 대담한 생각은 다음과 같다. 경험 과학의 활동에 있어서 대부분의 에너지와 열정은 생명에 관한 편리한 도그마와 그것을 뒷받침하기 위해 필요한 것을 찾아내려는 욕망에서 나오는 것이라고 할 수 있다. 이 기본적인 도그마의 정당성을 입증하려고, 무기질에서 유기체가 발생하고 유기체의 활동에서 정신활동이 나온다는 사실을 설명하고자 얼마나 많은 노력을 기울였는가? 유기체가 무기질의 물체로 바뀌지는 않는다. 바다의 바닥까지 살펴보면 우리가 핵, 원생동물이라 부르는 것을 찾게 될 것이다. 하지만 그곳에서도 그런 변화는 일어나지 않는다. 믿는 대로 될 것이라며 기다린 긴 세월의 노력이 있으니 모든 것이 발견되리라 믿을지 모르겠으나, 그런 것은 실제로 존재하지 않는다.

유기체 활동이 정신활동으로 전환된다는 믿음도 역시 그러하다. 아직 전환되지 않았다고? 그래도 우리는 전환될 것이라 굳게 믿으며 그 가능성만이라도 증명하기 위해 온갖 지적 능력을 사용하고 있다.

생명의 기원에 관한 논쟁은 생명과 무관하고, 생명의 주된 문제를 은폐한다. 즉 생명의 기원이 애니미즘, 바이탈리즘, 또는 특정 에너지의 개념과 관련되어 있는지에 대한 논란 때문에 삶의 개념이 본래의 뜻을 잃게 되었고, 만인을 이끌어야 하는 학자들은 서둘러서 갈 뿐 목적지를 잊어버린 것이다.

현대학문이 내놓은 연구방법과 결과를 내가 의도적으로 보지 않으려고 하는 것인가? 내가 이러는 이유는 어떤 연구 결과도 잘못된 연구 방향을 바로 잡을 수 없기 때문이다. 불가능한 것을 한번 상상해 보자. 생명에 관하여 현대학문이 알고자 하는 또 주장하는(현대학문 역시 확신은 못하지만) 것이 모두 밝혀질 것이라고 가정해 보자. 모든 것이 대낮같이 밝혀졌다고 가정해 보자. 환경적응 과정을 통해 무기질의 조직체에서 유기체가 생겨나고, 물리적 에너지가 감정, 의지, 생각으로 전환된다는 것을 시골의 초등학생들까지 인정한다고 치자.

특정 운동에 의해 어떤 생각과 감정이 생긴다는 사실을 나도 알게 되었다고 치자. 그래서 무엇이 어떻다는 말인가? 나 자신이 과연 어떤 특정한 움직임을 통하여 생각과 감정을 불러일으킬 수 있을까? 나 자신과 다른 사람들에게 어떤 감정과 생각을 불러일으켜야 할 것인가의 문제는 아직 미결과제일 뿐 아니라 시도조차 하지 않은 채 남아있다.

연구자들이 이 질문에 쉽게 답한다는 사실을 나는 안다. 문제조차 이해하지 못하는 사람에겐 어려운 문제가 쉬워 보이듯 그런 연구자들에게 이 문제는 해결하기 쉬워 보이는 것이다. 삶을 우리 마음대로 할 수 있다고 생각하는 학자들은 어떻게 삶을 영위할 것이냐의 문제도 쉽게 생각한다. 학자들은 인간의 욕구를 충족시킬 수 있도록 정리하면 된다고 말한다.

그러면서 학문이야말로 첫째, 인간의 욕구 충족을 제대로 분류할 수 있고, 둘째, 만인의 욕구가 쉽게 충족되고 인간이 행복해 질 수 있도록 필요한 것에 대한 생산 수단을 마련할 수 있다는 것이다.

만일 여러분이 학자들에게 무엇이 욕구이고, 욕구의 한계가 무엇이냐고 묻는다면? 그들은 다음과 같이 단순하게 답할 것이다. 사람의 육체적 욕구·지적 욕구·미적 욕구·도덕적 욕구에 이르기까지 모든 욕구를 분류하고, 욕구가 어디까지 적절하고 어디까지가 부적절한지 명확하게 정의하기 위해 학문이 존재한다고.

시간이 지나면 학문은 이 모든 것을 정의하게 될 것이다. 만일, 무엇으로 욕구의 적절성을 판단하느냐고 학자들에게 묻는다면? 이 질문에 학자들은 욕구에 관한 연구를 통해 나눌 것이라고 당당하게 답할 것이다. 그러나 욕구라는 단어는 다음과 같이 두 가지 의미만을 갖는다. 우선, 존재의 조건을 의미한다. 모든 대상의 존재 조건은 무수히 많아서 모든 존재의 조건을 연구하는 것은 불가능하다. 다른 하나는 생명체의 행복 욕구를 의미한다. 행복 욕구는 의식만을 통해 인식되고 규정되는 것이라서 경험 과학으로는 연구가 불가능하다.

세상에는 과학이라는 이름으로 만들어진 학자들 모임과 학회, 협회 등 여러 단체가 존재한다. 세월이 흐르면 이들이 모든 것을 정의하게 될 것이다.

이러한 해결 방식은 과학에 메시아의 위상을 부여하는 것과 같다. 유대인이 메시아를 믿듯이 과학의 독단적 이론을 무조건 믿음으로써 메시아의 왕국을 재현하는 것과 같은 것이다. 다만 정통 유대인들이 하느님의 사도인 메시아가 모든 것을 해결할 것이라고 믿는 반면, 과학 신봉자들은 욕구에 대한 외적 연구가 삶의 문제를 해결할 수 있는 유일한 방법이라고 믿지 않을 뿐이다. 바로 여기에 양측의 분명한 차이가 있다.

본론

I

인생의 근본적 모순

인간은 누구나 자신을 위해, 즉 자신의 행복을 위해 살아간다. 행복 욕구를 느끼지 않는다면 인간은 살아있음을 느끼지 못할 것이다. 인간은 행복을 추구하지 않는 삶을 상상할 수 없다. 산다는 것은 바로 행복을 추구하고 행복을 얻는 과정이다. 즉, 행복을 추구하고 얻는 것이 바로 인생이다.

살아있음은 개별적으로, 그리고 내면적으로 느끼기 때문에, 인간은 자신이 추구하는 행복이 오로지 자기 자신만의 것이라고 여긴다. 따라서 사람들은 삶을 오롯이 혼자의 것이라고 느낀다. 다른 존재의 삶은 자신의 삶과 완전히 다른 것으로 여긴다. 다른 존재의 삶은 자신의 삶과는 다른 현상일 뿐이다. 사람은 다른 존재의 삶을 그저 관찰하고 그 관찰을 통해서 다른 존재들도 살고 있음을 안다. 다른 존재의 삶은 다른 존재에 관해 생각할 때만 비로소 알 수 있지만, 자신이 살아있다는 사실은 단 한 순간도 모를 수 없다. 그러니 인간은 오로지 자신의 삶만이 참된 삶이라고 여기는 것이다. 다른 존재의 삶은 자신의 존재 조건 중 하나로 생각한다. 인간이 주변 사람들의 불행을 바라지 않는다고 한다면 그 이유는 타인의 고통이 그의 행복을 방해하기 때문이다. 혹 주변 사람들의 행복을 바란다면 그것은 자신의 행복을 바라는 것과는 완전히 다르다. 상대의 행복을 원한다기보다는 상대의 행복이 자신을 더욱 행복하게 만들기 때문에 그런 것이다. 인간에게 중요한 것은 자신의 행복뿐이다.

그런데 자신의 행복을 추구하는 바로 그 과정에서 인간은 자신의 행복이 타인과 연관되어 있음을 깨닫는다. 주변의 존재들을 살펴보고 관찰하면서 인간은 주변 사람들은 물론 동물들도 자신처럼 생각한다는 것을 알게 된다. 모든 존재들이 자신의 삶과 행복만을 느끼며 자신의 삶만이 중요하고 진실하다고 생각하고, 주변 존재의 삶을 오로지 자신의 행복을 위한 수단으로 여기고 있는 것이다. 사람들은 그 자신이 그러하듯 모든 살아 있는 존재가 자신의 작은 행복을 위하여 다른 모든 존재의 큰 행복과 생명을 빼앗을 수 있다는 것을 안다. 이 생각을 하는 그 자신도 그러한 존재이기 때문이다. 따라서 이 사실을 이해한 사람은 자신도 모르는 사이에 다음과 같이 생각한다. 사람들은 자기가 아는 만큼만 볼 뿐 아니라 자신의 목적을 위해 한 사람 혹은 수많은 사람의 생명을 빼앗을 수 있다고 말이다. 이것을 알게 되면 인간은 개인의 행복이 쉽게 얻어질 수 있는 것이 아니며, 어쩌면 누군가에게 빼앗길 수도 있는 것이라는 것을 생각하게 된다.

인간은 인생을 살며 경험을 통해 이런 사실을 더욱 확신하게 된다. 그리하여 서로 연관된 세상을 살며 서로를 파괴하고 잡아먹는 것이 결코 자신을 행복하게 할 수 없을 뿐 아니라 큰 불행이 될 수 있음을 깨닫는다.

그뿐만이 아니다. 생명을 건 싸움에서 유리한 조건을 지닌 사람도 이성과 경험을 통하여 쾌락으로 얻어진 행복이 강렬한 고통을 수반하며, 따라서 쾌락으로 얻은 것은 행복이 아니라 행복에 대한 환상일 뿐이라는 것을 깨닫는다. 살아갈수록 쾌락은 줄어들고 권태와 따분함, 노동과 고통이 더 많아진다는 것을 알게 된다. 이것이 전부가 아니다. 몸이 쇠약해지고 병을 앓으면서, 그리고 타인의 생로병사를 보면서 참되고 완전한 생명이라 여겼던 자신도 매 순간 죽음을 향해 다가서며 쇠약해지고 있음을 깨닫게 된다. 뿐만 아니라 타인과 투쟁하는 가운데 숱한 죽음의 가능성이 있고, 고통은 점점 커지며 끊임없이 죽음에 가까워지고 있음을 알게 된다. 삶과 개인적인 행복의 가능성 역시 파괴되고 마는 어떤 죽음의 상태로 다가서는 것이다. 홀로 삶을 느끼는 개인으로서 세상과 절대 싸워선 안 되는데도 인간이 온 세상과 싸우고 있다는 것을 안다. 또한 인간은 항상 쾌락을 추구하지만 그 쾌락은 행복의 유사물일 뿐 고통만을 안겨준다는 사실, 인간은 손에 결코 넣을 수 없는 삶을 원한다는 사실을 안다. 인간은 자신만을 위한 행복과 삶을 원하지만, 행복도 삶도 결코 소유할 수 없음을 안다. 자신이 원하는 행복과 삶은 낯선 어떤 것이어서, 인간은 그것을 느낄 능력도 없으며, 따라서 행복과 삶의 존재에 관해 알 수도 없고 알기를 원치도 않는다는 것을 안다.

　인간은 실제로 살아 숨 쉬는 자아를 자신에게 가장 중요하고 필요한 것이라고 생각한다. 그러나 인간은 죽어서 뼈와 구더기가 될 것이고 그러면 자신은 사라질 것이다. 반면에 중요하지도 필요하지도 않다고 여겨지는 존재, 살아있다고 느낄 수도 없는 존재, 그리고 끊임없이 투쟁하면서 교체되는 여러 존재들의 세상은 오히려 진정한 생명으로서 영원한 삶을 영위할 것이다. 그러니까 인간이 활동하며 오감으로 느끼는 유일한 삶은 기만이며 있을 수 없는 어떤 것이다. 오히려 인간이 좋아하지 않고 느끼지도 못할 뿐 아니라 이해조차 할 수 없는, 육체를 초월한 삶이 유일하게 참된 삶이 되는 것이다.

  이것이야말로 인간이 느끼지도 못하면서 소유하고자 열망하는 삶과 행복의 실체이다. 이것은 인간이 우울하고 힘겨울 때 떠오르는 생각도 아니고, 떨쳐버릴 수 있는 생각도 아니다. 이것은 의심할 바 없이 명백한 진리여서, 단 한 번이라도 이런 생각을 품었거나 들은 적이 있는 사람은 그 생각에서 벗어날 수도 없다.

II

인류는 오랜 옛날부터 삶의 모순을 의식했다.
인류의 위대한 현인들은 내적 모순을 해결할 삶의 정의를
제시했지만, 바리새인들과 율법학자들이
이것을 숨겨왔다.✻

인간이 가장 먼저 생각하는 인생의 유일한 목적은 개인의 행복이지만, 개인을 위한 행복은 불가능하다. 만일 인생에 행복과 비슷한 무엇이 존재한다 해도, 이러한 행복이 가능한 개인의 삶 역시 매 순간마다 고통과 악, 죽음, 파멸로 끊임없이 돌진하는 삶이다.

이것은 교육을 받았든 받지 않았든, 젊은이든 노인이든, 생

✻ 바리새인은 '분리된 자'라는 뜻으로, 예수는 그들의 형식주의, 율법주의, 권위주의를 책망했다. 율법학자 역시 규범만을 고집하는 학자로서 이 책에서 '바리새인과 율법학자'는 비유적인 의미로 과거로부터 현재에 이르기까지 위선적 형식적 경건주의자, 권위주의 학자들을 일컫는다.(편집자주)

각 있는 사람이라면 누구나 분명히 알 수 있는 자명한 사실이다. 인생에 관한 이런 고찰은 단순하고 자연스러워서 합리적인 사람이라면 누구나 알 수 있으며 오랜 옛날부터 인류는 그것을 잘 알고 있었다.

"서로를 파멸시키고 자신을 파멸시키는 수많은 사람들 속에서 오로지 자신의 행복만을 추구하는 개인의 삶은 사악하며 무의미하다. 참된 삶은 그러한 것이 아니다. …"

예로부터 사람들은 스스로에게 이렇게 이야기해 왔다. 그리고 이런 인생의 내적 모순에 관해서 인도, 중국, 이집트, 그리스와 유대의 현자들이 강렬하고 분명하게 역설하였다. 또한 인간은 상호경쟁, 고통, 죽음 속에서도 파괴되지 않을 행복을 집중적으로 탐구해 왔다. 그리고 우리가 인류의 삶을 알고 있는 시대부터 경쟁과 고통, 죽음으로도 파괴되지 않은 인간의 행복을 설명하는 과정은 인류의 모든 진보를 이루었다.

오랜 옛날부터 여러 민족의 위대한 스승들은 삶의 내적 모순을 해결할 개념을 명확하게 제시하고, 인간 본연의 참된 삶과 행복이 어떤 것인지 가르쳐 왔다. '개인의 행복 추구'와 '개인의 행복'은 불가능하다는 것에 대한 인식의 모순은 모든 인간에게 동일하게 존재한다. 본질적으로 참된 행복에 관한 정의가 동일하기에 인류의 위대한 성인들이 제시하는 진정한 인생에 관한 정의도 역시 동일하다.

  기원전 600년 공자는 "삶은 인간의 행복을 위한 천상의 빛을 전파하는 것"이라고 했다. 공자와 동시대를 살았던 브라만 교도는 "삶이란 더욱 큰 행복에 도달하려는 영혼의 여행이자 수행"이라고 했다. 공자와 같은 시대를 살았던 부처는 "삶은 열반에 도달하기 위한 자기 거부의 과정"이라고 하였다. 역시 공자와 같은 시대를 살았던 노자는 "삶은 행복을 위한 화해와 겸손의 길"이라고 했으며, 유대인 현자는 "삶이란 신의 계명을 지키며 행복을 얻도록, 사람의 콧구멍에 불어 넣은 신의 숨결"이라 하였다. 스토아학파는 "삶이란 인간에게 행복을 주는 이성을 따르는 것"이라고 하였다. 모든 선각자들의 인생관을 모두 아울러 그리스도는 "삶이란 인간에게 행복을 주는 신과 이웃에 대한 사랑"이라고 말하였다.

  이와 같이 수천 년 전부터 내려오는 삶에 관한 정의는 불가능하고 헛된 개인의 행복 대신, 실제적이며 사라지지 않을 행복을 제시하며 인생의 모순을 극복하고 인생에 합리적인 의미를 부여한다. 인생에 관한 이러한 정의에 동의하지 않거나, 좀 더 명확한 표현으로 정의내릴 수 있었을 거라고 여길 수 있다. 그러나 이런 정의를 받아들여야 인생의 모순을 극복할 수 있다. 결코 도달할 수 없는 개인의 행복을 추구하기 보다는 고통과 죽음으로도 사라지지 않을 행복을 추구함으로써 삶에 합리적인 의미를 부여할 수 있게 된다. 삶에 대한 이러한 정의는 이론적으로도 옳으며 삶의 경험을 통해서도 확인된다. 이와 같은 삶의 정의를 알고 인정했던 수많은 사람이 개인의 행복 추구가 고통과 죽음으로도 사라지지 않는 행복에 대한 추구로 바뀔 수 있다는 것을 실제로 보여주었고 지금도 보여주고 있다는 사실 또한 부인할 수 없다.

위대한 성현들이 삶을 정의하고 이해한 바를 삶 속에서 실천한 반면 대다수의 사람들은 삶의 한 시기 혹은 평생 동안 오로지 동물적 삶만을 산다. 그들은 삶의 모순을 극복할 삶의 정의를 이해하지 못할 뿐 아니라, 극복해야 할 모순조차 보지 못한다. 또 언제나 그러하듯 지금도 그들 중 몇몇은 특수한 외적 지위를 내세워 자신이 인류 지도자라고 여긴다. 인생의 의미를 알지도 못하면서, 그들은 사람들에게 삶이란 개인적 생존이라고 가르쳐 왔고 또 가르치고 있다.

그런 사이비 지도자는 항상 있었고, 지금도 존재한다. 일부 사이비 지도자는 인류 성현들의 말씀을 가르치면서도 말씀의 참된 의미를 이해하지 못한 채, 그 말씀을 과거와 미래의 삶에 관한 초자연적 계시라고 여기며 의식 수행만을 요구한다. 이것은 바로 넓은 의미로서의 바리새인의 교리이다. 즉, 비합리적인 삶 자체는 외적인 의식을 통한 신앙으로써만 다른 삶으로 변화시킬 수 있다는 것이다.

또 다른 사이비 지도자는 보이는 것 이외의 삶을 인정하지 않고 모든 기적과 초자연적인 것을 부정하면서, 인간의 삶이 탄생에서 죽음에 이르는 동물적 삶에 불과하다고 당당하게 주장한다. 동물로서의 인간의 삶은 전혀 비합리적이지 않다는 율법학자들의 가르침이 바로 그것이다.

양쪽 사이비 지도자의 주장이 모두 삶의 근본 모순을 오해한 데서 비롯되었다는 공통점에도 불구하고 그 둘은 항상 서로를 적대시했고 지금도 서로 적대시한다. 현재에도 양측은 각각의 가르침에 따라 서로 반목하고 논쟁하며 세상을 지배한다. 이와 같은 양측의 논쟁은 세상을 가득 채우며 수천 년 전 인류에게 제시된 참된 행복의 길과 인생의 정의를 가려버린다.

바리새인은 그들이 따르는 성현들의 삶의 정의를 이해하지 못한 채, 미래의 삶에 관한 정의를 왜곡한다. 바리새인은 성현들이 내린 삶에 관한 정의를 조잡하게 왜곡하여 제자들에게 가르치고, 그 해석을 바탕으로 교리의 위상을 지키고자 한다.※

※ 이들은 인생에 관한 성현들의 정의가 모두 일치하고 합리적이라 해도 그들의 가르침

한편 율법학자들은 바리새파 교리의 합리적 토대에 관해 단 한 번의 고민도 없이 미래의 삶에 관한 교리를 모두 부정하고, 바리새인의 교리는 근거도 없고 그저 무지몽매한 관습이라고 주장한다. 나아가 동물적 삶을 초월하는 삶에 관한 질문을 하지 않아야 인류 발전이 가능하다고 주장한다.

이 진실임을 증명한다고 보지 않는다. 그것을 인정하면 비합리적이고 거짓된 자신들의 믿음이 무너질 것이기 때문이다.

III

율법학자들의 오류

더 놀라운 일이 있다! 현인들의 모든 가르침은 위대하여 사람에게 감동을 주었고, 세속의 사람은 그 가르침을 초자연적인 것으로 받아들여 가르침의 창시자들을 거의 신적 존재로 여겼다. 이것은 가르침의 탁월함을 보여주는 중요한 증거이지만, 율법학자들은 현인들의 가르침이 그릇되며 뒤쳐졌음을 보여주는 사례라고 생각했다. 아리스토텔레스, 베이컨, 그 외 철학자들의 가르침은 그 정도로 대단치 않아서 소수 독자와 추종자 사이에서만 소중한 자산으로 남아 있다는 것이다. 또한 이들은 대중에게 크게 영향을 끼치지 못하여, 그 가르침이 미신으로 왜곡되거나 과장되었다고 말한다. 가르침이 대단치 못하다는 특징이 율법학자들에게는 주장의 진실성을 증명하는 증거로 사용되었다. 반면 브라만교도들, 부처, 조로아스터,

노자, 공자, 이사야, 그리스도의 가르침은 단지 수많은 사람들의 삶을 변화시켰다는 이유로 그들에게 미신으로 치부되고 오해를 받아왔다.

그러나 이렇게 율법학자들에 의해 미신으로 치부되고 오해를 받은 가르침은 사람들에게 진정한 행복에 관한 해답을 제시하였기에 예나 지금이나 많은 사람들이 그런 미신과 더불어 살아왔고 살고 있다. 또한 이런 가르침은 공감을 얻었을 뿐 아니라 수세기에 걸쳐 훌륭한 사람들의 사상적 토대가 되었다. 그러나 율법학자들이 인정하고 율법학자들만 공감하는 이론은 언제나 논란의 대상이 되었다. 또한 율법학자들은 그 이론들이 단지 수십 년 정도 명맥을 유지하거나 아주 빠르게 잊힌다는 사실에 전혀 신경 쓰지 않는다.

현대 학문의 방향이 잘못되었다는 점은 인류의 위대한 스승과 그의 가르침이 우리 사회에서 차지하는 위상을 보면 분명하다. 인류는 예나 지금이나 스승들의 가르침에 따라 살고 가르친다. 통계를 보면 현재 전 세계에는 천여 개의 종교가 있다. 여기에 불교, 브라만교, 유교, 도교, 기독교가 있다. 현대인은 천여 개의 종교를 진실로 믿는다. 천여 개의 종교가 모두 헛소리라면 무엇 때문에 연구하겠는가? 그런데 현대인은 스펜서, 헬름홀츠* 등의 지식인의 최근 발언에 대해 모르는 것을 수치스럽게 생각하면서 브라만 교도들, 부처, 공자, 맹자, 노자, 에픽테토스*, 이사야에 관해서는 이름만 알거나 때로는 이름조차 모른다. 현재 주로 설파되는 종교는 천여 개가 아니라, 중국의 종교, 인도의 종교 그리고 유대기독교(뿌리가 같은 종파인 이슬람교를 포함하여) 세 가지뿐이며, 우리에게 거의 알려지지 않은 0.07%의 서적을 제외한다면, 현 인류를 탄생시킨 모든 지혜가 담긴 이들 종교경전을 5루블이면 사서 두 주면 모두 읽을 수 있다는 점을 현대인은 알지 못한다. 대중은 이 가르침을 더욱 모르고 학자도 자신의 전공이 아니라면 알지 못한다. 철학자들은 이런 서적을 들여다 볼 필요를 느끼지 못한다. 위대한 사람들은 인생의 모순을 풀어 본연의 행복과 인생을 정의했다. 하지만 생각이 있는 사람이라면 다 아는 이것을 새삼 공부할 필요가 있겠는가? 율법학자들은 이성적인 삶의 시작인 모순을 이해하지 못한다. 모순을 알지 못하니 모순 따위는 어디에도 존재하지 않으며, 인생은 동물적인 존재에 지나지 않는다고 당돌하게 주장하는 것이다.

앞을 볼 수 있는 자는 자기 앞의 사물을 보며 이해하고 판

---

* 스펜서는 영국의 철학자이자 사회학자이며, 헬름홀츠는 독일의 생리학자이자 물리학자이다.(편집자 주)

* 스토아 학파의 대표적 철학자(편집자 주)

단할 수 있지만, 앞을 볼 수 없는 자는 지팡이를 두드려 느껴지는 것 외에는 존재하지 않는다고 확신한다.

IV

율법학자들은 인간의 모든 삶의 개념에
동물적 존재로서의 가시적 현상만을 적용하며,
거기서 인간의 삶의 목표에 대한 결론을 이끌어 낸다.

"삶이란 살아 있는 존재 안에서 이루어지는 현상이다. 사람, 개, 말이 저마다 육체를 갖고 태어나 고유한 육체로 살다 죽는다. 육체가 분해되어 다른 존재로 변화되면 더 이상 그 전의 존재가 아니다. 생명이 있었으나 끝난 것이다. 심장이 뛰고 폐가 호흡하며 육체가 썩지 않았으면, 사람·개·말이 살아 있는 것이다. 심장이 더 이상 뛰지 않으며 호흡이 멈추고 육체가 썩기 시작하면 죽음을 의미하는 것으로 더 이상 생명은 존재하지 않는다. 생명이란 출생에서 죽음에 이르는 동안 인간과 동물의 육체 안에서 이루어지는 현상일 뿐이다. 이보다 더 확실한 것이 또 어디 있겠는가?"

동물 상태를 벗어난, 미개하고 무지몽매한 인간이 생명을 보는 시각은 이러했고, 지금도 이러한 시각이 있다. 현재에도 스스로 학자라 여기는 자들이 생명에 관해 이렇게 미개하며 천박한 생각을 유일한 진리로 인정한다. 이는 온갖 지식을 총동원하고 피나는 노력을 한 끝에 겨우 벗어난 수천 년 전 무지의 암흑세계로 인류를 퇴보시킨다.

이러한 율법학자들은 우리 의식으로는 생명을 정의할 수 없다고 주장한다. 그들은 내면에서 생명을 관찰하기 때문에 우리가 혼란에 빠진다고 말한다. 행복에 대한 열망이 우리 의식 속에서 생명을 구성한다는 생명론은 헛된 망상에 지나지 않는다는 것이다. 고로, 생명을 이해하려면 오로지 물질 운동으로서 생명 현상을 관찰해야 한다고 한다. 오직 이런 관찰과 그 결과로 얻어진 법칙에 의거하여 생명 법칙과 인생 법칙을 찾을 수 있다는 것이다.✼

✼ 자신의 위치와 연구대상을 파악하고 있는 진정성 있는 학문은 겸손하기 때문에 강하다. 진정한 학문은 한 번도 그렇게 말한 적이 없다. 물리학은 힘의 법칙과 관계에 관하여 논할 뿐이지 힘이 무엇인지 본질에 관하여 논하지 않는다. 화학은 물질의 관계를 논하는 것이지, 무엇이 물질인지 본질을 규정하지 않는다. 생물학은 생명의 형체를 논하지만, 생명이 무엇이며 본질이 무엇인지 규정하지 않는다. 이처럼 진정한 학문은 힘 그 자체, 물질 그 자체, 생명 그 자체를 연구 대상으로 삼지 않으며, 각 학문의 영역이 기초로 삼는 공리(公理)로 수용된다. 진정한 학문은 연구대상을 이렇게 보며, 이는 결코 대중을 바보로 만드는 악영향을 끼치지 않는다. 그러나 지혜의 가면을 쓴 거짓 학문은 연구대상을 이렇게 보지 않는다. "우리는 물질도, 힘도, 생명도 모두 연구한다. 우리가 물질과 힘과 생명을 연구하면, 우리는 그것을 인식하게 될 것이다."라고 말한다. 그

이 그릇된 학설은 인간이 의식 속에서 알고 있는 '삶 전체'에 대한 개념을 그 개념의 일부인 '동물적 생존'으로 대체하여 눈에 보이는 현상을 연구하기 시작하며, 동물적 인간부터 시작해 모든 동물·식물·물질을 연구하면서 점차 그들의 연구가 몇 가지 현상이 아니라 생명 전체를 다룬다고 주장한다.

관찰은 매우 어렵고 복잡하며 혼란스럽다. 게다가 많은 노력과 시간을 필요로 하기 때문에 사람들은 관찰 과정에서 대상의 일부를 전체로 파악하는 초기의 실수를 망각한다. 그리고 물질과 동식물의 가시적 본성 등 인간의 의식 속에서만 인지되는 것을 연구하는 것이 생명 연구라고 확신한다.

이것은 어둠 속에서 사람들에게 뭔가 보여주어 착각하게 하고, 착각을 착각이 아닌 것으로 생각하게 하려는 것과 비슷하다. 그것을 보여준 사람이 이렇게 말하는 것과 같다. "그림자가 있는 곳만 바라보시오. 절대 그림자의 실체를 보지 마시오. 실체란 존재하지 않고 오로지 그림자만 있을 뿐이오."

그릇된 현대 학자들도 인간의 행복 추구와 생명에 관한 중요한 정의조차 내리지 못한 채 생명을 연구하며, 대중과 똑같이 행동한다.* 행복 추구와는 무관한 생명론에서 출발한 이

러나 그들은 자신들이 물질, 힘, 생명 자체를 연구하는 것이 아니라 그것의 관계와 형태를 연구한 뿐이라는 것을 깨닫지 못한다.

✱ 부록1의 '삶의 그릇된 정의에 관하여'를 참조할 것

그릇된 학자들은 관찰을 통해 인간에게 맞지 않는 생물의 목적을 찾아내 그것을 억지로 인간에게 맞추려 한다.

그러한 피상적 관찰 속에서 도출된 생명체의 목표는 자신과 종의 보전·생식·생존을 위한 투쟁인데, 이 가공할 삶의 목적을 인간에게 적용하려는 것이다. 인생의 본질적 특징인 인생의 모순조차 모르는 인생관에서 출발한 그릇된 학문은 최근 연구를 통해 무지몽매한 대다수 사람들의 기대에 부응하여, 개인 한 사람의 행복 가능성을 인정하고 하나의 동물적 존재로서 인간의 행복을 인정한다는 결론을 내린다.

인생의 목적이 무엇인지 설명해 주기를 바라는 무지한 대중 앞에서 그릇된 학문은 처음부터 인간의 이성적 의식을 거부하고, 모든 동물의 삶과 마찬가지로 인간의 삶도 자신과 종족의 생존을 위한 투쟁일 뿐이라는 결론을 내린다.*

✤ 부록2 참조

V

바리새인들과 율법학자들의 그릇된 가르침은
참된 삶의 의미나 삶의 지침을 제시하지 못한다.
이들이 주는 유일한 삶의 지침은 타성에 따라 살라는 것이다.

그릇된 가르침을 신봉하는 사람은 그릇된 사고방식에 사로잡혀 이렇게 말한다. "삶을 정의할 필요는 없다. 누구나 삶을 알고 그게 전부니까, 그냥 살면 된다." 삶이 무엇이고 행복이 무엇인지 모르는데도 살고 있다고 생각하는 것과 같다. 마치 정처 없이 파도에 떠내려가는 사람이 자신이 원하는 방향으로 가고 있다고 믿듯이 말이다.

한 아이가 가난하거나 부유한 집안에서 태어나 바리새인 혹은 율법학자의 교육을 받는다고 치자. 유아기와 청소년기에는 삶의 모순이나 삶에 관한 의문이 존재하지 않는다. 따라서 아직 바리새인이나 율법학자의 설명이 필요하지 않고, 그러므로 그 설명이 삶의 지침이 되지도 않는다. 아이는 주변 사람들을 본보기로 삼아 삶을 배운다. 아이 주변 사람들의 삶은 바리새인들과 율법학자들의 삶과 똑같다. 주변 사람은 모두 개인적 삶의 행복만을 추구하고 아이도 그것을 배워 간다.

 부모가 가난하다면 아이는 좀더 동물적으로 더 편하게 사는 것, 일은 적게 하면서 더 많은 식량과 돈을 버는 것이 삶의 목적이라고 느끼게 된다. 부모가 부유하다면 아이는 삶을 보다 즐겁고 유쾌하게 영위할 수 있도록 부와 명예를 추구하는 것이 삶의 목적이라고 배우게 된다.

 가난한 이가 학습하는 모든 지식은 오로지 자신의 부를 축적하기 위한 것이다. 제 아무리 고상하게 포장한다 하여도 부유한 사람이 배우는 모든 지식과 예술은 무료함을 달래고 즐겁게 지내기 위한 것이다. 가난한 사람도 부유한 사람도 살아갈수록 세속의 관점에 점점 더 강하게 물들게 된다. 그들이 결혼하고 가족을 거느리게 되면 가족 부양이라는 미명 하에, 동물적 행복 욕구가 더욱더 강해진다. 주변 사람들과의 싸움은 더욱 치열해지고, 오직 개인의 행복만을 위한 삶의 타성만 더욱 굳어진다.

 가난한 사람, 부유한 사람, 그 누구든 이러한 삶이 과연 합리적인가 의구심이 생길 수 있으며, 후손들에게도 이어질 이 목적 없는 생존투쟁은 왜 해야 하는지, 도대체 왜 자신과 후손들에게 고통만 남겨주는 기만적인 욕망을 쫓는 건지 의문을 가질 수 있다. 그렇다 하더라도, 이미 수천 년 전 동일한 상황 속에서 위대한 선각자들이 발견해서 인류에게 전해준 인생의 정의를 이들이 깨닫게 될 가능성은 거의 없다. 바리새인들과 율법학자들이 인생의 정의를 꼭꼭 숨겨 두어서 찾기가 어렵기 때문이다. "삶이 왜 이렇게 비참한가?"란 질문에 바리새인들은 "삶은 비참한 것이고 언제나 비참했다. 비참한 것이 당연하다. 왜냐하면 인생의 행복은 현재에 있는 것이 아니라, 전생과 내세에 있기 때문이다."라고 대답할 것이다. 브라만교든, 불교든, 도교든, 유대교든, 기독교든 모든 종교의 바리새인은 언제나 똑같이 이렇게 말한다. 현재의 삶은 악이다. "이 악의 원인은 과거, 세계와 사람의 탄생에서 비롯된다. 현존하는 악은 사후 미래에 응보를 받는다. 현세가 아닌 내세의 행복을 얻기 위해 사람이 할 수 있는 것은 우리가 가르치는 대로 믿고 우리가 행하는 의식을 행하는 것이다."

개인의 행복을 추구하는 사람들과 바리새인들의 삶을 보면서 이들의 설명이 틀렸다고 의심을 품게 된 사람들은 바리새인들의 답변에 의미를 두지 않으며 불신한다. 그래서 이번에는 율법학자들에게 질문을 한다. 율법학자들은 이렇게 말한다. "우리가 보는 동물적 삶 이외의 모든 삶에 대한 가르침은 무지의 소산일 뿐이다. 합리적인 삶에 관한 모든 의심의 핵심 내용은 헛된 망상에 지나지 않는다. 온 세계, 지구, 사람, 동물, 식물과 만물의 삶은 고유의 법칙을 갖는다. 우리는 그 법칙을 연구하고 세계와 사람, 동물과 식물 그리고 모든 물질의 기원을 연구하고 있다. 우리는 태양이 열을 잃게 된다면 앞으로 세계는 어떻게 될 것인지, 그리고 사람·동물·식물의 과거와 미래가 어떻게 될 것인지 연구하고 있다. 우리는 우리가 말했던 그대로의 과거와 미래를 제시하고 증명할 수 있다. 게다가 우리 연구는 행복한 삶을 증진하는 데 기여하고 있다. 행복을 추구하는 당신의 삶에 관해서는 당신이 알고 있는 것 이외에 아무 말도 해줄 수 없다. 현재 사는 대로, 가능한 한 잘 살라는 사실 이외에는 할 말이 없다."

의심을 품은 사람은 바리새인과 율법학자들 어느 쪽에서도 자신의 질문에 대한 답변을 얻지 못한 채, 이전과 마찬가지로 아무런 삶의 지침 없이 개인적 혼란 속에 남게 된다.

의심을 품은 일부 사람들은 파스칼의 논법에 따라, "의식(儀式)을 행하지 않으면 안 된다고 겁을 주는 바리새인들의 말이 모두 옳다면 어떡하나"라고 자문하면서 시간이 날 때 바리새인들이 주장하는 모든 의식을 수행한다. (잃을 것은 별로 없지만, 큰 이익이 생길 수도 있다면서) 또 다른 사람들은 율법학자들의 의견을 따르면서, 다른 모든 삶과 종교의식을 완강히 거부하고 스스로 이렇게 생각한다. "나뿐 아니라, 다들 이렇게 살아왔고 또 이렇게 살고 있다. 될 대로 되라지." 이쪽이나 저쪽이나 더 나을 것이 없다. 양측 모두 현재 삶의 의미에 대해 아무런 설명도 하지 못한다.

그러나 삶의 의미를 알든 모르든 인간은 살아 나가야 한다.

인간의 삶은 아침에 일어나 잠자리에 들 때까지 여러 행위로 이루어진다. 사람들은 매일 수백 가지 가능한 행위 중에 자신이 할 행위를 끊임없이 선택해야 한다. 하지만 천국의 비밀을 설명하는 바리새인 학자들도, 세계와 사람의 기원을 연구하여 그 미래 운명에 관해 결론을 내린 율법학자들도, 인간의 행위와 선택에 대한 지침을 제시하지는 못하였다. 그러나 인간은 행위 선택의 지침 없이 살아갈 수가 없다. 따라서 합리적 판단이 아니라, 어느 사회에나 항상 존재했고 존재하고 있는 외적인 삶의 지침을 부지불식간에 따르게 되는 것이다.

이런 삶의 지침에는 어떤 합리적 설명도 없지만, 이것들이 거의 모든 행위를 좌우한다. 이런 지침이 바로 인간 사회의 관습이다. 자기 삶의 의미에 대해 이해하지 못할수록 관습은 더욱 강하게 작용한다. 관습은 명확하게 정의될 수 없다. 왜냐하면 관습은 시대와 장소, 행사와 행위에 따라 매우 다양하게 나타나기 때문이다. 예를 들면 이러하다. 중국인은 조상의 위패에 촛불을 밝히고, 회교도는 성지를 순례하며, 인도인은 기도문을 암송하고, 군인은 군기에 충성을 맹세하면서 군복을 명예롭게 여기고, 사교계 인사는 결투를 신청하고, 코카서스인은 피의 복수를 중시한다. 이것이 관습이다. 또 관습은 특별할 때 먹는 특별한 음식이나, 자녀 훈육 방식, 적절한 방문 시기, 집 정돈 방식, 장례 절차, 출산과 결혼 예식 등이다. 이렇듯 관습은 전 생애를 가득 채우는 수많은 행사와 행위들이다. 관습이란 예의, 풍습, 의무, 그것도 신성한 의무로 일컬어지는 것이다.

대다수 사람들은 바리새인과 율법학자의 삶에 관한 설명을 듣는 것 이외에, 바로 이 관습의 지침들을 따르고 있다. 이런 사람들은 어린 시절부터 확신에 차서 관습을 행한다. 이런 사람은 관습을 그대로 수행할 뿐 아니라, 관습에 합리적인 의미를 부여하기 시작한다. 이들은 관습을 수행하는 이유가 있을 것이라고 믿고 싶어 한다. 그리고 자신은 그 의미를 모른다 해도 타인은 이해할 것이라 확신한다. 그러나 대다수 사람들도 합리적인 설명을 못한다. 그 역시 다른 사람이 관습 수행의 이유를 설명할 수 있을 것이라 생각하기 때문이다. 그렇게 하여 무의식적으로 서로를 속여 가며, 사람들은 점점 더 비합리적인 관습에 익숙해질 뿐 아니라, 이런 관습에 비밀스럽고 이해할 수 없는 의미를 부여한다. 따라서 자신이 행하는 관습의 의미를 이해하지 못할수록, 그래서 이해되지 않는 관습의 근원이 의심스러울수록 관습에 중요한 의미를 부여하고 더욱 엄숙하게 의식을 수행하게 된다. 부유한 사람이든 가난한 사람이든 주변 사람이 하는 대로 관습을 행하면서, 이 행위가 그들의 성스런 의무라고 말한다. 그토록 오래 전부터 많은 사람이 이런 관습을 수행하였고 소중하게 평가하고 있으니 삶의 진정한 과업이 아닐 수 없다고 스스로를 위로한다. 자신은 왜 사는지 모르지만 다른 사람은 왜 사는지 알 것이라고 믿으며 사람은 노년을 맞으며 죽어간다. 그러나 왜 사는지 알 것이라 기대했던 다른 사람도 삶의 이유를 모르기는 매한가지이다.

새로운 사람이 태어나고 성장한다. 주변의 존경을 받는 노인, 백발의 노인, 명예로운 사람도 삶이라는 생존의 번잡함을 보면서 이 무의미한 혼란이 바로 인생이라고 확신하며 인생의 문 앞에서 서성이다 떠나는 것이다. 마치, 평생 모임이라고는 본 적이 없는 사람이 모임의 입구에서 밀치며 떠드는 흥분한 군중을 보고는 이것이 바로 모임이라고 생각하고 근처만 서성이다가 스스로 모임에 참가했다고 확신하며 집으로 돌아가는 것과 같다.

산속에 터널을 뚫는 것, 비행기를 타고 전 세계를 여행하는 것, 전기, 현미경, 전화기, 전쟁, 의회, 박애, 정당 간 경쟁, 대학, 학회, 박물관 ……. 인생이라는 것이 과연 이런 것들일까?

무역, 전쟁, 교통, 학문, 예술에 수반되는 복잡하며 열정적인 사람의 활동은 대부분 인생의 입구에서 벌어지는 무지한 군중의 혼란에 지나지 않는다.

VI

현대인의 의식 분열

"내가 진실로, 진실로 너희에게 이르노니 죽은 자들이 하느님의 아들의 음성을 들을 때가 오나니, 곧 이때에 듣는 자는 살아나리라."※ 이미 그때가 다가왔다. 타인들이 아무리 그를 설득하려 들어도 인간은 죽은 후에야 행복하고 합리적인 삶이 가능하다는 것, 혹은 오직 개인적 삶만이 행복이고 합리적일 수 있다는 것을 믿지 못한다. 또 타인들이 아무리 그를 설득하려 들어도 그것을 믿지 못한다. 마음 속 깊이 삶의 행복과 의미를 구하는 간절한 욕구를 지닌 사람에게 내세나 불가능한 개인의 행복만이 목적인 삶은 불행이고 무의미하다.

내세를 위해 살 것인가? 사람은 이렇게 스스로 자문한다. 내가 아는 삶의 유일한 표상은 현재이다. 그런데 현재의 내 삶

※ 요한복음 5장 25절

이 무의미하다면 이와는 다른 합리적인 삶이 존재한다고 믿어지지 않을 뿐 아니라 오히려, 삶은 본질적으로 무의미하며 무의미한 삶 이외에 그 어떤 삶도 있을 수 없다고 확신하게 된다.

자신을 위해 살 것인가? 그러나 위에서 언급했듯 개인적 삶은 불행하며 무의미하다. 가족을 위해 살 것인가? 사회를 위해 살 것인가? 아니면 조국을 위해서, 인류를 위해서 살 것인가? 그러나 나 개인의 삶이 비참하고 무의미한 것이라면, 다른 만인의 개인적 삶도 무의미한 것이다. 무의미하고 비합리적인 개인적 삶들의 총량이 행복하고 합리적인 하나의 삶이 되지는 못한다. 왜 사는지 이유를 모르는 채, 남들이 사는 대로 그저 살아야 하는가? 남들도 나처럼 왜 사는지 모른 채 살아가고 있다는 것을 나는 이미 알고 있다.

그러므로 이제 그때가 다가온다. 이성적인 의식이 그릇된 가르침을 극복하고, 인간이 삶의 중심에 멈춰 서서 인생의 의미를 요구하는 시기가 다가오고 있다.*

다른 사람들과 공통점이 없고, 자신의 육체적 생존을 위해 자연과 쉼 없이 투쟁하는 몇몇 사람만이 스스로 의무라 여기는 무의미한 일을 삶의 본질적 의무라고 믿을 수 있다.

---

* 부록3 참조

시간이 다가오고 있다. 아니 이미 때가 왔다. 대다수의 사람이 내세를 위해 현재의 삶을 부정하는 것이 속임수였고, 관습을 행하는 것이 의무이며 개인의 동물적 생존이 곧 삶이라고 인정했던 것이 잘못임을 분명히 깨닫게 된 것이다. 이때 오직 가난에 찌들고 방탕한 생활에 물든 사람만이 아직 자기 존재의 비참함과 무의미함을 느끼지 못한 채 살아가게 된다.

사람들이 무덤에서 되살아나듯 점차 이성적 의식에 눈을 떠가고 있다. 아무리 눈을 감고 진실을 외면하려 해도 인생의 근본적 모순이 많은 사람들에게 무서울 정도로 강렬하고 분명하게 드러난다.

"나의 삶은 온통 나 자신의 삶에 대한 열망으로 똘똘 뭉쳐져 있구나." 잠에서 깨어난 사람들은 이렇게 자신에게 말한다. "그런데 내 이성은 나를 위한 행복은 불가능하다고 말한다. 무엇을 하든, 무엇을 성취하든, 그 종착점은 고통과 죽음과 파괴일 뿐이다. 나는 행복을 원한다. 삶을 원한다. 또한 이성적인 삶의 의미를 갈망한다. 그러나 나의 내면과 나를 둘러싼 모든 것은 불행, 죽음 그리고 무의미뿐이다. 어떻게 존재해야 하는가? 어떻게 살아야 하는가? 무엇을 할 것인가?" 그러나 해답이 없다.

그들은 주변을 둘러보고 질문의 해답을 찾으려 노력하지만 답을 찾지 못한다. 자신이 묻지도 않은 질문에 답하는 가르침만 찾을 뿐, 주변 어디에서도 자신의 질문에 대한 대답을 찾지 못한다. 왜 행하는지 이유도 모르는 사람들의 행위를 이유도 모른 채 따라 하는 사람들의 혼란스러운 모습만이 보일 뿐이다.

사람들은 모두 제 상황의 비참함과 제 행위의 무의미함을 모르는 채 살아가는 것처럼 보인다. 그리하여 이성적인 의식에 눈 뜬 사람들은 이렇게 자문한다. "저들이 생각이 없는 것일까? 아니면 내가 이상한 것일까? 하지만 모두가 비정상일 수는 없으니 어쩌면 내가 이상한 것일지 모른다. 아니다, 그렇지 않다. 내 이성이 내게 이 모든 것을 일깨워주니 나는 정상이다. 나 홀로 온 세상과 맞서게 될지라도, 나는 내 이성을 믿지 않을 수 없다."

이 순간 인간은 영혼을 쥐어짜는 이 무시무시한 질문을 품은 채 자신이 세상에 혼자 존재하는 듯한 느낌을 가진다. 그러나 살아야 한다.

하나의 자아는 그에게 살라고 한다. 그러나 또 다른 자아는 속삭인다. "살아선 안 된다."라고.

그는 자신이 분열되었다고 느낀다. 이 분열이 그의 영혼을 괴롭힌다. 그는 이 분열과 고통의 원인이 자신의 이성이라고 생각한다.

　인생에 꼭 필요한 최고의 인간 능력, 즉 이성은 파괴적인 자연의 힘 앞에서 무력한 벌거숭이에 불과한 인간에게 생존과 쾌락의 수단을 제공해 주었다. 그러나 바로 그 이성이 인생에 독이 되고 만 것이다.

　주변 모든 생물을 살펴보면, 모든 생물은 각기 고유의 능력이 그들에게 필요하고, 모두에게 고유한 능력이 있고, 그 고유한 능력을 통해 행복을 얻는다. 식물, 곤충, 동물은 나름의 법칙에 따라 행복하고 즐거우며 평온한 삶을 살아간다. 그러나 인간의 본성 가운데 최고의 능력인 이성은 인간의 마음을 너무나도 큰 고통으로 몰고 간다. 오늘날 많은 사람이 이성적 의식에서 시작되는 이러한 극심한 내적 모순의 불안에서 벗어나고자, 자살로써 자기 생을 매듭짓는 경우가 있으며 그 빈도가 점차 늘고 있다.

VII

의식의 분열은 인간의 삶을
동물의 삶과 혼동하는 데서 비롯된다.

 자신의 내면에서 깨어난 이성적 의식이 자신의 삶을 분열시키고 머뭇거리게 만드는 이유는 과거도, 현재도 그리고 미래도 자신의 삶이 아닌 것을 자신의 삶처럼 인정하기 때문이다.
 현대 사회의 그릇된 교육은 태어나면서부터 시작된 개인적 존재로서의 삶이 곧 자신의 삶이라는 믿음을 심어주었다. 그런 교육을 받으며 자란 사람은 자신이 아기로, 유아로, 그리고 청소년으로, 어른으로서 중단 없이 이어서 살아왔다고 여긴다. 그는 쉬지 않고 긴 시간을 살았다고 느끼는 것이다. 그러다가 예전처럼 살 수가 없고, 자신의 삶이 더 이상 이어지지 않고, 혼란스럽게 분열되어 버리는 순간을 분명히 맞이하게 된다. 사람들은 그릇된 가르침을 통해 인생이란 출생에서 죽음에 이르는 전 기간이라고 확신하였다. 동물들의 삶을 보면서 사람들은 가시적인 동물들의 삶과 자신의 의식을 혼동하게 되고, 이런 삶이야말로 자신의 삶이라고 완전히 확신하게 되었다.

내면에서 깨어난 이성적인 의식은 동물적 삶에 만족할 수 없는 여러 가지를 요구하면서 사람들의 인생관이 잘못되었음을 여실히 보여준다. 그러나 사람들의 머릿속에 각인된 그릇된 교육은 사람들이 자신의 잘못을 시인하기 어렵게 한다. 사람들은 동물적 생존이라는 인생관에서 벗어날 수가 없지만 이성적 의식은 깨어났기 때문에 자신의 삶이 이제 멈춰 버렸다고 생각한다. 그러나 멈춰 버렸다고 생각하는 자신의 삶이란 것은 한 순간도 존재한 적이 없었다. 출생과 더불어 시작된 그의 존재, 그의 삶은 한 순간도 그 자신의 삶이 아니었던 것이다. 출생 이후 지금 이 순간까지 계속 살고 있다는 생각은 꿈처럼 의식의 착각에 불과한 것이다. 그 어떤 꿈도 깨어나기 전까지는 의식하지 못한다. 깨어나는 순간 모든 것이 생겨난다. 이성적 의식이 깨어나기 전까지는 아무런 삶도 존재하지 않는다. 이성적 의식이 깨어나야 비로소 과거의 모든 삶에 관한 생각을 하게 되는 것이다.

인간은 유아기에 동물과 다름없이 살기 때문에 인생에 관해 아무것도 알지 못한다. 만일 유아가 열 달만을 살았다면 자신의 인생이나 다른 인생에 관하여 아무것도 알지 못할 것이다. 인생에 대해 아무것도 모른 채 어머니 뱃속에서 죽은 것과 다름없는 것이다. 이것은 어린 아기뿐 아니라, 이성적이지 못한 어른이나 어리석은 사람들도 마찬가지이다. 그들은 자신과 다른 생명체가 살아있다는 것조차 전혀 알지 못한다. 바로 이런 까닭에 그들은 인간적인 삶을 살지 못하는 것이다.

인간의 삶은 이성적 의식이 눈뜰 때 비로소 시작된다. 이성적 의식이 나타나면 비로소 인간은 자신의 현재와 과거의 삶, 그리고 타인의 삶에 눈을 뜨게 된다. 그리하여 자신과 타인의 삶 속에서 필연적인 고통과 죽음을 깨닫게 된다. 또한 이성적 의식을 통해 인간은 개인적 삶의 행복을 부정하면서 자신의 삶이 정지되는 듯한 모순을 겪는다.

인간은 외부의 가시적 존재를 시간에 따라 규정하듯 자신의 삶을 시간에 따라 정의하고자 한다. 그러다 갑자기 자신이 태어났던 육체적 시간과 자신의 삶이 맞아 떨어지지 않는다는 사실을 깨닫게 된다. 시간에 따라 규정되지 않는 그것이 오히려 참된 삶일 수 있지만, 인간은 그것을 믿으려 하지 않는다. 그래서 시간 속에서 이성적 의식의 시삭 시점을 찾으려 애를 쓴다. 하지만 시작 시점이 되는 시간은 결코 찾을 수 없을 것

이다.※

 아무리 기억을 되짚어 보아도, 이성적 의식이 시작되는 지점은 찾을 수가 없다. 인간은 이성적 의식이 언제나 자신의 내면에 있다고 여긴다. 만일 이와 비슷한 어떤 의식 지점을 찾아낸다 하더라도, 그것은 그 자신의 육체적 출생 시점과는 전혀 무관할 것이다. 그가 깨달은 이성적 의식의 시작 지점은 자신의 육체적 출생과는 완전히 다른 지점인 것이다. 자신의 이성적 의식의 시작에 관해 자문하는 동안 인간은 이성적 존재인 자신을 어떤 부모의 아들로, 어떤 조부모의 손자로 생각하지 않는다. 누구의 아들이 아니라, 수천 년 전 혹은 이 세상 저 끝에 살았을지 모를 이성적 사람들과 시간과 공간을 초월하여 하나의 의식으로 연결된 존재로 생각하게 된다. 즉 이성적 의식 속에서 사람은 시공을 초월한 이성적 존재들과 하나가 되는 것이다. 그리하여 시공을 초월한 이성적 존재들이

※ 인간 생명의 발생과 시간에 따른 생명의 진화에 관한 주장을 종종 듣곤 한다. 사람들은 시간에 따라 생명이 진화한다는 주장이 매우 확고한 현실에 기반한다고 여긴다. 하지만 이보다 더 공상적인 것은 없다. 이는 마치, 거리를 재려고 할 때 무한한 선 위의 불특정한 어느 지점을 마음대로 선택하여 그것을 기준으로 거리를 재는 것과 같다. 인간 생명의 발생과 진화에 관하여 논의할 때 사람들은 이와 같은 오류를 범하지 않는가? 인간 생명이 과거로부터 발전을 시작했다면, 생명 발전의 환상적 역사는 도대체 무한한 시간의 연속성 중 어느 지점에서 시작되었다고 말할 수 있을까. 생명의 시작은 탄생 혹은 잉태 시점인가, 아니면 부모의 탄생 시점인가, 원생동물이나 원형질의 발생 시점인가? 아니면 태양에서 떨어진 최초의 파편 조각에서 찾을 것인가? 결국 이런 모든 생각은 공상에 불과한 것으로 기준점 없이 측정하는 것과 같다.

그의 내면에 존재하고, 그가 그들 안에 존재한다는 것을 알게 된다. 이런 이유로 인간의 내면에서 깨어난 이성적 의식은 인간으로 하여금 길을 잃은 것 같이 느끼게 한다. 인생이라 여기던 것이 정지된 듯 느껴진다. 방향을 잃은 사람들은 이성적 의식에 눈을 뜨는 순간, 삶이 정지되었다고 여기게 되는 것이다.

VIII

**분열과 모순은 없다.
그것은 오로지 그릇된 가르침일 뿐이다.**

인간의 내면에 이성적 의식이 깨어나면서 극심한 분열 상태를 겪게 되는 것은 바로 그릇된 가르침 때문이다. 그릇된 가르침은 출생에서 죽음에 이르는 동물적 삶이 인생이라고 주장해 왔고, 인간은 그러한 가르침에 의지하며 성장했기 때문이다.

이런 혼란을 겪으며 인간은 자신의 내면에서 삶이 분열되고 있다고 생각한다. 그의 삶은 하나인데 두 개로 느낀다. 두 손가락을 꼬아서 그 사이에 작은 공 한 개를 넣고 굴리면, 공은 두 개의 손가락 사이에서 두 개처럼 느껴진다. 삶에 대한 그릇된 생각도 이와 유사하다.

이것은 인간의 이성이 방향을 잘못 잡았기 때문이다. 그는 결코 삶일 수 없는 개별적, 육체적인 생존을 인생으로 인정하도록 배웠던 것이다. 이와 같이 삶에 관해 뜬구름 잡듯 그릇된 생각을 해온 사람은 삶을 두 개로 보게 된다. 하나는 그가 상상하는 삶이며, 다른 하나는 실제의 삶이다.

그런 사람에게 이성적 의식에 따라 개인적 삶의 행복을 부정하고 다른 행복을 추구하라는 것은 고통스럽고 부자연스럽게 여겨진다.

그러나 이성적 존재로서의 인간에게 있어 개인적 행복과 개인적 삶의 가능성을 부정한다는 것은 이성적 의식의 특성상 필연적 결과이다. 이성적 존재가 개인의 행복과 삶을 부정하는 것은 새들이 두 다리로 달리지 않고 날개로 날아다니는 것처럼 자연스러운 삶의 본성이다. 아직 깃털이 자라지 않은 아기 새가 발로 뛰어 다닌다고 해서 새의 본성이 날지 못하는 것임을 증명하는 것은 아니다. 의식이 채 깨어나지 않아 개인의 행복을 바라는 사람이 우리 주변에 있다고 해서 이성적 삶을 살 수 있는 본성이 없음을 증명하는 것은 아니다. 인간이 자신의 본성인 참된 삶에 눈 뜨는 것이 이토록 고통스러운 이유는 세상의 그릇된 가르침 때문이다. 그릇된 가르침은 삶의 허상을 삶 자체라고 하면서, 참된 삶이 인생을 파괴한다고 사람들을 기만하고 있다.

우리 사회에서 참된 삶에 눈뜨는 사람은 여성성이 내재된 소녀와 비슷하다. 여성적 성숙의 징후를 느낀 소녀가 그것이 장차 어머니로서 의무와 기쁨으로 맞아야 할 가정에 대한 예고임을 느끼고, 낯설고 고통스러워 절망감에 빠지는 것과 같다. 이 세상에서 진정한 인생에 막 눈뜨기 시작한 사람들은 소녀와 동일한 절망감을 경험하게 된다.

  이성적 의식이 깨어났음에도 불구하고 자신의 삶을 개인적으로 이해하는 사람은 고통스러운 상황에 놓이게 된다. 이는 그가 삶의 법칙을 인정하지 않고 자신의 삶을 오로지 물질의 움직임으로만 인정하는 동물적 존재에 머물고 있으며, 자신의 노력과 무관하게 움직이는 물질의 법칙에 따라 살고 있기 때문이다. 이러한 동물적 삶을 사는 사람은 고통스런 내적 모순과 분열을 겪게 된다. 동물은 물질의 법칙에 따라 눕고 숨 쉬는 것만이 삶이라 여기고 있는데, 내면적 자아가 먹어야 하고 종족을 보존해야 한다고 요구한다면 분열과 모순을 경험할 수밖에 없다. 동물은 "중력의 법칙에 따라 움직이지 않고 누워서 몸속의 화학적 작용에 따르기만 하는 것이 삶인데, 나는 이것을 하면서 또 움직여야 하고 먹어야 하며 수컷이나 암컷을 찾아 나서야 한다."라고 불평했을 것이다.

  동물적 자아는 이런 상황이 괴로울 것이며 극심한 모순과 분열을 겪게 될 수도 있다. 저급한 삶, 그 동물적인 삶을 자기 인생의 법칙으로 인정하도록 교육받은 사람도 똑같은 것을 경험하게 된다. 고결하며 합리적인 이성의 법칙은 그것과는 완전히 다른 것을 요구하지만, 이에 반해 주변의 모든 사람들의 삶과 그릇된 가르침은 인간을 착각에 빠지게 한다. 여기서 그는 모순과 분열을 느낄 수밖에 없다.

고통에서 벗어나려면 동물은 저급한 물질 법칙이 아닌 자아의 법칙을 자신의 법으로 인정해야 하고, 이 법칙을 지키며 자아의 목적을 이루기 위해 물질의 법칙을 활용해야 한다. 마찬가지로 인간은 자아의 저급한 법칙이 아니라, 이성적 의식이 알려주는 자아의 법칙을 포함하는 하늘의 법을 자신의 법칙으로 인정해야 한다. 그렇게 되면 모순이 사라지고 자아가 이성적 의식에 따라 살게 되고 이성적 의식에 복종할 것이다.

IX

인간 내면에서 참된 생명의 탄생

인간의 내면에 깃든 생명을 시간에 따라 관찰함으로써 우리는 곡식의 생명이 씨앗 속에 숨겨져 있듯 인간 내면에도 참된 생명이 내재되어 때가 되면 결국 그 모습을 드러낸다는 것을 알 수 있다. 참된 생명은 다음과 같이 드러난다. 동물적 자아는 인간에게 개인적 행복을 추구하게 만들지만, 이성적 의식은 개인적 행복이 불가능하다는 것을 일깨우며 전혀 다른 행복을 제시한다. 그래서 인간은 이성적 의식이 제시하는 먼 곳의 행복을 바라보려 한다. 하지만 그런 행복은 보이지 않기 때문에 처음에는 그 행복을 잊지 못하고 다시 개인적 행복을 찾게 된다. 그러나 이성적 의식은 자신의 행복을 불확실하게 보여주지만, 개인적 행복이 불가능하다는 것은 확실하게 보여준다. 따라서 인간은 다시 개인적 행복을 거부하고 이성적 의식이 제시하는 새로운 행복을 바라보게 된다. 이성적 의식이 제시하는 행복은 아직 보이지 않지만, 개인적 행복은 확실하게 파괴된다. 개인적 생존의 유지가 불가능해지면 인간 내면에 동물적 자아의 이성적 의식에 대한 새로운 태도가 정립된다. 인간은 참된 생명으로 다시 태어나는 것이다.※

물질세계의 모든 생명이 탄생할 때 이와 유사한 일이 벌어진다. 태어나는 것은 태아 스스로 태어나고 싶어서, 그리고 태어나는 것이 더 좋아서 혹은 탄생이 좋다고 알고 있어서가 아니다. 이미 뱃속에서 다 자랐기 때문에 더 이상 전과 같이 존재할 수 없어서 태어나는 것이다. 새로운 삶에 이끌려서가 아니라, 이전과 같은 형태로는 생존할 수 없게 되었기 때문에 태어난다.

인간 내면에서 조용히 성장한 이성적 의식은 더 이상은 개인적 삶을 살 수 없을 만큼 성숙해진다. 여기서도 만물이 생성될 때와 똑같은 일이 벌어진다. 이전의 생활방식이었던 씨앗이 썩고 나면 새로운 싹이 튼다. 썩어가는 씨앗의 옛 형태가 외적으로 투쟁하면서 싹이 성장하는데, 여기서 썩어가는

※ 이 책에서 톨스토이는 인간 내면에 '동물적 사아животная личность'와 '이성적 의식разумное сознание'이 존재한다고 보며 반복적으로 이 용어를 쓰고 있다. 전자는 본능에 따르는 육체적 삶이며, 후자는 이성에 따르는 합리적이며 정신적 삶으로 볼 수 있다. 후자는 특히 타인의 행복을 추구함으로써 얻어지는 것으로 전자와 대비된다.(편집자 주)

인생론 77

씨앗은 싹의 자양분이 된다.

  이성적 의식의 탄생과 우리가 눈으로 볼 수 있는 육체적 탄생과의 차이는 다음과 같다. 육체적 탄생의 경우, 우리는 무엇으로부터 그리고 언제 어떻게 무엇이 배아로부터 태어나는지 시간과 공간을 통해 알 수 있다. 씨앗은 곧 열매인데, 일정한 환경이 조성되면 열매에서 싹이 나 자라고 나중에는 꽃이 피고, 또다시 열매가 열리게 될 것임을 안다. 이러한 현상은 생명의 순환으로 볼 수 있다. 반면에 이성적 의식의 성장에서는 시공간도 생명의 순환도 볼 수 없다. 이성적 의식의 성장과 순환을 우리가 보지 못하는 것은 우리 자신이 성장과 순환을 행하고 있기 때문이다. 우리의 삶은 우리 내면에서 발생하여 눈에 보이지 않는 존재로 태어난다. 때문에 우리는 그 탄생을 결코 볼 수가 없다.

  우리는 이성적 의식과 동물적 자아 사이에 형성된 새로운 존재의 탄생을 결코 볼 수가 없다. 이는 씨앗의 줄기가 성장하는 것을 씨앗이 볼 수 없는 것과 같은 이치다. 이성적 의식이 숨겨진 상태에서 벗어나 그 존재를 드러낼 때 우리는 모순을 겪는 느낌을 받는다. 그러나 자라나는 씨앗 안에 모순이 없듯이 그 어떤 모순도 존재하지 않는다. 발아하는 씨앗에서 우리가 보는 것은 원래 씨앗의 껍데기 안에 존재하던 생명이 이제는 발아하는 싹의 내부에 존재한다는 점이다. 이와 마찬가지로, 이성적 의식으로 깨어난 사람의 내면에는 그 어떠한 모순도 없다. 이성적 의식과 동물적 자아에 대한 새로운 관계에 의해 정립된 새로운 존재의 탄생이 있을 뿐이다.

만일 인간이, 다른 깨어있는 자아들이 살고 있다는 사실, 어떤 쾌락도 만족을 줄 수 없다는 사실, 그리고 자신이 죽을 것이란 사실을 모른 채 존재한다면, 인간은 자신이 살아있다는 것 그리고 그의 내면에 모순이 없다는 사실조차 알 수가 없다.

만일 인간이, 다른 깨어있는 자아들도 자신처럼 고통에 시달리며, 존재한다는 것 자체가 곧 서서히 죽어간다는 것임을 깨닫게 된다면, 또한 이성적 의식이 자아의 생존을 무너뜨렸다면, 인간은 자신의 삶을 사라져가는 자아 속에 둘 수가 없으며 그에게 펼쳐지는 새로운 삶 속에 자신을 정립시켜야 한다. 그렇게 되면 썩어가면서 싹을 틔우는 씨앗 속에 모순이 존재하지 않듯 어떤 모순도 더 이상 존재하지 않게 된다.

이성이란 인간이 살면서 준수해야 한다고 인식되는 하나의 법칙이다.

 인간의 참된 삶은 동물적 자아에 대한 이성적 의식 속에서 구현되는 것으로, 동물적 자아의 행복을 부정하는 것에서 시작된다. 동물적 자아의 행복을 부정하는 것은 이성적 의식이 깨어날 때 가능하다.

 그렇다면 이성적 의식이란 무엇인가? 요한복음은 "태초에 '로고스'(로고스는 이성, 지혜, 말을 의미한다.), 즉 말씀이 있었다."라고 시작된다. 로고스 안에 모든 것이 존재하고, 모든 것이 로고스로부터 이루어지는 것이다. 이성은 모든 것을 정의하는 것이므로, 우리는 그 이성을 다른 무엇으로도 정의할 수가 없다.

 우리는 이성을 정의할 수 없으며, 정의할 이유도 없다. 왜냐하면 우리 모두는 이성을 알고 있으며, 우리가 알고 있는 것이 이성 하나뿐이기 때문이다. 사람들과 서로 교류하면서 모두에게 보편적인 이성이 동일하게 내재되어 있음을 우리는 더욱 확신하게 된다. 살아있는 모든 존재를 하나로 이어주는 유일한 기반이 바로 이성이라는 것을 확신하게 된다. 우리는 무엇보다 이성이 존재함을 확실하게 안다. 우리가 아는 이유는 우리 모두가 확신하는 이성의 법칙과 우리가 인식하는 것이 서로 일치하기 때문이다. 우리는 이성을 안다. 우리는 이성을 모를 수 없다. 이성을 모를 수 없는 이유는 이성이야말로 이성적인 사람들이 이 이성의 법칙에 따라 살게 되어 있기 때문이다. 인간에게 이성이란 삶을 살아가는 법칙이고, 이에 상응하는 동물의 법칙은 먹고 살고 번식하는 것이고, 식물에 있어 동일한 법칙은 성장하고 꽃피우고 나무가 되는 것이며, 천체에 있어 이에 해당하는 법칙은 지구와 별들이 운행을 위해 따르는 법칙이다. 삶의 법칙으로서 우리가 알고 있는 우리 내면의 법칙은 세상의 모든 외부 현상을 지배하는 법칙과 동일하다. 두 법칙 사이의 차이가 있다면 단지, 이성의 법칙은 우리 스스로 수행해야 하는 반면, 외부 현상에 적용되는 법칙은 우리의 참여 없이 저절로 이루어진다는 점뿐이다. 이 세상에 관해 우리가 아는 모든 것은 우리에게 보이는 것뿐이다. 천체,

동물계, 식물계, 그리고 이 세상 모든 현상이 이성적인 법칙을 따르고 있는 것을 우리는 안다. 모든 외부 세계가 이성적인 법칙을 따르듯이 우리도 이 법칙을 스스로 수행해야 한다.

삶이 인간에 의해 완성된 것이 아닌 인간의 눈에 보이는 동물적 육체의 법칙에 따라 이루어진다고 생각하면, 사람들은 혼란스러워진다. 인간의 육체적 법칙이 이성적 의식과 연결되어 있긴 하지만, 나무·결정체·천체에서 작용하는 물리적 법칙처럼 무의식적으로 작용하기 때문에, 사람들은 대체로 그것을 의식하지 못한다. 동물적 육체가 이성을 따르도록 만드는 우리 삶의 법칙은 아직 수행되지 않았기 때문에 우리는 그것을 어느 곳에서도 볼 수 없다. 그러나 우리는 그 법칙을 우리의 삶 속에서 수행하고 있다. 행복을 위하여 이런 법칙을 수행하는 것, 즉 동물적 자아가 이성의 법칙을 따르게 하는 것이 바로 우리의 삶인 것이다. 동물적 자아가 이성의 법칙을 따르게 하는 것이 행복이다. 이것이 우리의 삶이라는 것을 이해하지 못한 채, 동물적 자아의 행복과 생존이 삶의 전부라고 생각하며 주어진 임무를 거부하면, 우리는 진정한 행복과 삶을 잃게 된다. 대신에 우리의 삶이 아닌, 우리와 무관하게 수행되는 눈에 보이는 동물적 생존을 삶으로 받아들이게 되는 것이다.

XI

지식의 그릇된 방향

동물적 자아에 작용하는 가시적 법칙을 우리 인생의 법칙으로 받아들이는 그릇된 생각은 아주 오래 됐다. 예나 지금이나 인간은 항상 그런 그릇된 생각에 빠져든다. 이 같은 그릇된 생각은 지식의 중요한 목적, 즉 인생의 행복을 위해 동물적 자아로 하여금 이성을 따르게 하는 대신 인생의 행복과 무관한 인간 생존에 관한 연구를 인간 지식의 주요 목적으로 삼게 한다.

자신의 행복을 위해 동물적 자아가 따라야 하는 법칙을 연구하고 그 법칙을 기반으로 세계 만물의 현상을 연구하는 대신에, 그릇된 지식은 오로지 동물적 자아의 행복과 생존을 연구하는 것에만 심혈을 기울인다. 이는 참된 삶의 행복을 위하여 동물적 자아로 하여금 이성을 따르게 하는 지식의 중요한 목적과 아무런 관련이 없다.

중요한 인생의 목적을 간과한 채, 이 그릇된 지식은 과거에도 현재에도 인간의 동물적 생존에 관한 연구와 동물적 인간의 생존 조건에 관한 연구에만 노력을 기울인다. 이런 연구를 통해 인생의 행복을 위한 지침을 찾을 수 있으리라 여긴다.

그릇된 지식의 논리는 다음과 같다. 과거부터 지금까지 생존하고 있는 인간이 어떻게 생존하였는지, 생존하는 동안 시공간에 어떤 변화가 있었는지, 그리고 그 변화가 어떤 방향으로 이루어졌는지 살펴보겠다는 것이다. 인간 생존의 역사적 변화를 통해 인생의 법칙을 찾아낼 수 있다는 말이다.

행복을 위해 인간이 지켜야 할 이성의 법칙을 연구하는 것이 지식의 중요한 목적임에도 불구하고 학자라는 사람들이 이러한 지식의 목적을 간과한 채 자의적으로 목적을 설정함으로써 그들이 하는 연구를 무익하게 한다. 오직 동물적 생존의 일반 법칙에 의해서만 인간의 삶이 변화한다면, 그 법칙을 연구하는 일은 완전히 무익하고 허무한 것이 된다. 두더지와 바다표범이 처한 조건에 따라 삶의 방식을 바꾸는 것과 같이, 인간이 법칙을 알든 모르든 이 법칙이 삶의 변화에 확실하게 작용하기 때문이다. 만일 인간이 자신의 삶이 따라야 하는 이성의 법칙을 알 수 있다면, 그 지식을 얻을 수 있는 곳은 이성적 의식이 드러나는 곳, 즉 인간의 이성적 의식의 내부가 될 것이다. 이러하니, 인간이 동물로서 어떻게 생존해 왔는지 아무리 연구한들, 우리는 이런 지식 없이도 저절로 인간에게서 일어나는 일 이외에는 결코 알 수가 없다. 다시 말해, 아무리 인간의 동물적 삶을 연구한다 해도, 행복을 위해 인간의 동물적 삶이 당연히 따라야 할 법칙은 절대 알 수가 없는 것이다.

이것이 바로 역사학 그리고 정치학이라 불리는, 인생에 관한 무의미한 연구 부류이다.

더불어 지식의 유일한 목적을 아예 잃어버린 연구가 현대 사회에 특히 만연해 있는데 그 연구는 다음과 같다. 이 부류의 학자들은 이렇게 말한다. "우리는 인간을 관찰 대상으로 연구하는 동안, 인간이 다른 모든 동물과 똑같이 먹고 성장하고 번식하고 늙고 죽는다는 것을 알게 되었다. 그러나 몇 가지 정신적(학자들은 이렇게 표현한다) 현상 때문에 관찰의 정확성이 떨어졌고, 그래서 관찰이 상당히 어려웠다. 따라서 인간을 보다 정확하게 이해하려면 동식물을 연구할 때와 같이 정신적 활동을 제외하고 인간의 삶을 단순하게 살펴야 한다. 그러려면 먼저 동식물을 연구해야 한다. 동식물을 연구하면 우리는 동식물 모두에 적용되는 보편적이고 단순한 물질의 법칙과 그 작용에 대해 알게 된다. 인간의 삶의 법칙보다 동물의 법칙이 더 단순하듯, 식물의 법칙은 더욱 단순하며, 물질의 법칙은 더더욱 단순하다. 따라서 연구는 가장 단순한 물질 법칙을 기반으로 해야 한다." 이들은 또 이렇게 말한다. "동식물에서 일어나는 모든 현상이 인간에게도 동일하게 나타난다는 것을 안다. 따라서 우리는 인간에게 발생하는 모든 것을 단순하고도 가시적인 무생물을 통해 설명할 수 있다는 결론을 내릴 수 있다. 그도 그럴 것이 인간 활동의 모든 특성은 물질에서 작용하는 힘에 지속적으로 좌우되기 때문이다. 인체 구성 물질의 모든 변화는 인간의 모든 활동을 변화시키고 파괴한다." 학자들은 결국 물질의 법칙이야말로 인간 활동의 핵심 요인이라고 결론을 짓는다. 그들은 인간의 내부에 동물과 식물, 무생물에서 볼 수 없는 무엇이 있다는 것, 모든 것을 무의미하게 만드는 지식의 유일한 목적이 있다는 사실은 신경 쓰지 않는다.

그들은 만일 인체의 물질적 변화가 인간 활동을 파괴한다면 그것은 물질 변화가 인간 활동을 파괴하는 여러 요인 중 하나라는 사실을 증명할 뿐이며, 물질 운동이 인간 활동의 이유가 될 수 없다는 생각을 하지 못한다. 식물의 뿌리에서 흙을 털어내면 식물이 시든다고 해서 식물이란 오롯이 흙의 산물이라고 증명할 수 없는 것과 같은 이치이다. 그들은 인간 삶에 수반되는 여러 현상의 법칙들을 설명함으로써 인생 자체를 설명할 수 있을 것이라 생각하고, 무생물과 동식물에서 발생하는 현상을 인간에게 적용한다.

이들은 인간의 삶, 즉 인간이 행복하기 위해 동물적 자아가 따라야 할 법칙을 이해하기 위해, 인간의 삶이 아니라 그 인간 삶의 역사적 생존이나 인간이 인식하지 못하는 동식물과 무생물에 적용되는 법칙을 연구한다. 이런 연구자는 연구 목적조차 모른 채, 자신도 모르는 목적의 주변 상황을 닥치는 대로 연구하는 것과 같다.

물론, 인간 존재의 역사적 가시적 현상을 아는 것도 우리에게 의미가 있다. 마찬가지로 인간의 동물적 자아와 다른 동물의 법칙을 아는 것도, 물질에 작용하는 법칙을 연구하는 것도 역시 의미 있는 일이다. 이 모든 것을 연구하는 것은 인간에게 중요하다. 이 지식은 인간의 삶 속에 그런 법칙들이 반영되어 작용하고 있음을 보여준다. 하지만 이미 작용하고 있고, 완벽해 보이는 것처럼 보이는 이 지식은 우리에게 우리의 행복을 위해 동물적 자아가 따라야 할 법칙에 관한 지식, 우리가 꼭 알아야 할 중요한 지식을 주지 못한다. 동물적 자아가 따라야 할 이성의 법칙을 우리가 인정할 때에, 비로소 그 작용 법칙에 관한 지식이 우리에게 의미를 가질 수 있다. 우리가 이성의 법칙을 인정하지 않을 때에는 아무런 의미가 없다.

한 그루의 나무가 자기 내부에서 발생하는 모든 화학적 물리적 현상을 연구한다 해도(나무가 연구할 수 있다고 치자), 나무는 그러한 관찰과 지식을 통해 나무의 수액을 모으고 줄기, 나뭇잎, 꽃과 열매를 키우기 위해 수액을 배분할 필요가 있다는 것을 깨닫지 못한다. 인간도 이와 똑같다. 동물적 자아에 작용하는 법칙, 물질에 작용하는 법칙을 인간이 아무리 잘 안다고 해도, 이 사실로부터 자기 손 안의 빵 한 조각을 가지고 어떤 행동을 할 것인지에 관해선 그 어떤 지침도 얻을 수 없다. 빵 조각을 아내에게 줘야 할지, 낯선 이에게 줘야 할지, 개에게 줘야 할지, 아니면 자기가 먹어야 할지, 빵을 지켜야 할지, 아니면 청하는 이에게 빵을 줘야 할지 아무런 지침을 받을 수 없는 것이다. 삶에서는 이와 유사한 문제들을 끊임없이 해결해야 한다.

동물, 식물, 물질에 작용하는 법칙을 연구하는 것은 유용할 뿐 아니라, 인생의 법칙을 설명하기 위해 필요하다. 하지만 그것도 이 연구가 이성 법칙의 해명에 기여하는 인간학의 주요 목적을 지향하는 경우에만 해당된다.

인간의 삶은 동물적 생존에 불과하며 이성적 의식이 제시하는 행복은 불가능하고 이성의 법칙은 환상일 뿐이라는 가정 하에 이루어지는 연구는 무의미할 뿐 아니라 매우 해롭다. 왜냐하면 그런 연구는 지식의 유일한 목적을 은폐하고 인간으로 하여금 환영을 연구하고 나면 대상을 이해하게 될 것이라고 착각하게 만들기 때문이다. 이것은 마치, 생물 운동의 요인이 그림자의 변화와 움직임에서 비롯된다고 가정하고 생물의 그림자의 모든 변화와 움직임을 열심히 연구하는 것과 같다.

XII

그릇된 지식은 원근법을 잘못 이해하는 데서 생긴다.

　공자는 "진정한 지식이란 아는 것은 안다고 하고 모르는 것은 모른다고 하는 것이다."라고 했다. 그릇된 지식이란 바로 모르는 것을 안다고 생각하고 아는 것을 모른다고 생각하는 것이다. 우리 주변에 만연한 그릇된 지식에 관하여 이보다 더 명확하게 설명할 수는 없다. 현대의 그릇된 지식은 우리가 알 수 없는 것을 안다고 하고, 우리가 아는 유일한 한 가지를 알 수 없다고 한다. 그릇된 지식에 빠져 있는 사람은 시간과 공간을 통해 드러나는 모든 현상에 대해서는 안다고 생각하면서 이성적 의식을 통해 아는 것에 대해서는 모른다고 생각한다.
　그러한 사람에게 보편적인 행복과 자신의 행복을 인식하는 것은 가장 어렵게 느껴진다. 그는 자신의 이성과 이성적 의식도 그만큼 인식하기 어렵다고 생각한다. 그가 잘 인식하는 것은 바로 동물적 존재로서의 자신이다. 그보다 좀더 잘 인식하는 대상은 동물과 식물이고, 그가 제일 잘 인식하는 대상은 바로 무생물, 도처에 퍼져 있는 물질이다.

이와 유사한 일이 인간의 시각에도 발생한다. 인간의 시각은 대체로 멀리 있는 대상을 향하기 때문에 색과 형태가 단순해 보이는 하늘, 지평선, 들판, 숲 등을 무의식적으로 먼저 바라본다. 이런 대상은 멀어질수록 명확하고 단순해 보이며, 가까워질수록 형태와 색이 복잡해 보인다.

인간이 사물 간의 거리를 측정하지 못하고, 사물의 원근법을 이해하지 못하며, 사물의 형태와 색의 단순함과 명확성을 보이는 대로 인정한다고 해 보자. 그렇다면 인간이 가장 잘 볼 수 있는 대상은 바로 무한한 하늘일 것이고, 그 다음으로 잘 볼 수 있는 것이 약간 복잡한 지평선의 형태, 그 다음은 색과 형태가 복잡한 집과 나무이고, 그 다음으로 보이는 것은 자신의 눈앞에서 움직이는 손이다. 가장 알아보기 힘든 것은 바로 빛이다.

인간의 그릇된 이해도 똑같은 오류를 범하고 있지 않은가? 자신의 이성적 의식은 가까이에 있어 복잡해 보이기 때문에 인식할 수 없다고 여기고, 무한하고 영원한 물질은 멀리 떨어져 있어서 단순하게 여겨지니까 확실하게 인식할 수 없는데도 불구하고 가장 잘 인식할 수 있는 대상이라고 생각하는 것이다.

실제로는 정반대다. 무엇보다 확실하게 모든 인간이 알 수 있고 또 알고 있는 것은 자신이 추구하는 행복이다. 다음으로 확실하게 아는 것이 행복을 알게 해 주는 이성이다. 이성을 알고 나서야 그는 이성을 따르는 동물적 자아를 알게 된다. 그 다음에야 시공간을 통해 모든 만물의 현상이 드러나 보이는데, 이러한 사실을 모르는 것이다.

그릇된 인생관을 가진 사람은 사물이 시공간을 통해 정확하게 규정될수록 그 사물을 잘 안다고 여긴다. 그러나 실제에 있어 우리가 아는 것은 시공간으로 규정되지 않는 행복과 이성의 법칙뿐이다. 외부의 사물을 파악할 때 의식의 참여가 적을수록 사물에 대한 정보도 적어진다. 결국에는 의식을 통해 파악하기 어려운 사물은 시공간만으로 규정된다. 오로지 시공간만으로 규정되는 사물일수록 인간이 파악하기는 더욱 어렵게 된다.

인간의 진정한 지식은 자신의 동물적 자아를 인식하는 것으로 마무리된다. 인간은 행복을 추구하고 이성의 법칙을 따르는 이 동물적 존재가 자신이 아닌 다른 자아들과 다르다는 것을 알고 있다. 인간이 이 동물적 존재를 자신으로 인식하는 것은 시공간으로 규정된 존재여서가 아니라(모든 인간은 시공간에 의해 규정된 현상으로서 자신을 절대 인식할 수 없다), 행복을 위해 이성의 법칙을 따라야 하는 존재이기 때문이다. 요컨대 인간은 이렇듯 동물적 자아인 자신이 시공간과 무관한 존재임을 알고 있다. 그에게 그 자신의 시공간에 관하여 묻는다면, 그는 무엇보다 먼저 끝없이 흐르는 시간의 한가운데 어느 지점에 자신이 서 있으며, 동시에 어디에도 없는 표면을 가진 구체의 중심에 자신이 서 있는 모습을 떠올릴 것이다. 인간은 바로 이같이 사실상 시공간을 초월하는 자기 자신을 알고 있다. 인간의 실질적 지식은 바로 자아 인식에서 끝난다. 자아 외의 것들에 관해선 전혀 알 수 없다. 다만 외적 조건의 예로서 자아 이외의 것들을 관찰하고 규정할 수 있을 뿐이다.

행복을 추구하는 이성의 중심인 자신, 시공간을 초월한 존재인 자신을 안다는 사실에서 잠시 벗어나면 인간은 비로소 자신이 시공간 속의 존재이며 눈에 보이는 세상의 일부라는 사실을 조건부로 받아들일 수 있다. 시공간 속에 나타난 자신을 타인과 관련하여 관찰하는 동안 인간은 자신에 관한 진정한 내적 지식과 자신에 관한 외적 관찰을 결합하여, 자신이 다른 모든 사람과 같은 보편적인 인간이라는 관념을 갖게 된다. 이와 같이 조건적 지식을 통해 인간은 타인들에 관한 외적 관념을 갖게 되지만, 그 사람들을 온전히 아는 것은 아니다.

인간이 인간에 관한 진정한 지식을 갖는 것이 불가능한 것은 그와 같은 인간이 한 사람이 아니라 보이는 것만 수백 수천 명이라서 그가 한 번도 본 적이 없고 앞으로도 보지 못할 사람들이 현재에 존재하고 과거에 존재했으며 앞으로도 존재할 것임을 알기 때문이다.

인간은 인간들 너머 시공간에 동물들이 있고, 그 동물들이 인간과 다르며, 동물들 간에도 서로 다르다는 것을 안다. 인간에 관한 보편적 지식이 없다면 인간은 이런 동물들을 전혀 이해하지 못할 것이다. 하지만 이성적 의식이 있는 인간은 인간에 관한 보편적 지식을 갖추고 있어서 인간에 대한 이해를 통해 동물에 관한 정보를 얻는다. 하지만 동물에 관한 생각은 보편적인 인간에 관한 생각에 비해 지식적으로 체계화되기 어렵다. 동물은 매우 다양하고, 그 수가 점점 많아지기 때문에 인간이 그 동물들을 확실하게 인식하기가 점점 어려워지는 것이다. 식물들은 인간에게서 더 멀리 떨어진 것처럼 보인다. 식물들은 동물에 비해 더욱 많이 분포되어 있어서 식물을 인식하기는 더 어렵다. 동물과 식물을 벗어나 더 멀리 떨어진 시공간이 있다. 여기서 인간은 무생물, 즉 물체의 형태가 분간이 안 되는 물질들을 본다. 인간은 그 어느 것보다 무생물인 이 물질을 잘 이해하지 못한다. 이해하지 못하니 그 형태를 구별하는 것은 애초에 불가능한 일이다. 심지어 물질이 시공간 속에 무한대로 존재한다고 여기고, 따라서 물질은 알 수 없는 것이므로 그저 상상만 할 뿐이다.

XIII

사물의 인식 정도는 그 사물이 위치한 시공간이 아니라,
그 사물이 우리와 같은 법칙을 따르는지 여부에 달려 있다.

개가 아프다, 송아지가 잘 따르니 사랑스럽다, 새들이 즐거워한다, 말이 두려워한다, 좋은 사람, 사나운 짐승. 이보다 더 이해하기 쉬운 표현이 있는가? 이처럼 명확하고 중요한 표현은 시공간에 의해 규정되지 않는다. 현상을 지배하는 법칙을 이해하지 못할수록, 오히려 현상은 시공간에 의해 보다 정확하게 규정된다. 과연 그 누가 지구, 해와 달의 운동을 지배하는 인력의 법칙을 이해한다고 하겠는가? 하지만 일식은 시공간에 의해 가장 명확하게 규정되지 않는가.

우리가 완전하게 아는 것은 오로지 우리의 삶, 행복해지려는 욕구, 우리에게 이 행복을 알려주는 이성뿐이다. 그 다음으로 우리가 잘 아는 것은 행복을 추구하며 이성의 법칙을 따르는 우리의 동물적 자아이다. 동물적 자아에 관한 우리 지식은 이미 시공간적 조건과 관련된다. 이 조건은 눈에 보이고 만질 수 있으며 관찰할 수 있지만, 우리가 이해할 수는 없다. 다음으로 잘 아는 것은 바로 우리와 동일한 행복 욕구와 우리와 동일한 이성적 의식을 가진 다른 동물적 자아에 관한 지식이다. 이 다른 동물적 자아의 삶이 우리 삶의 법칙, 행복 욕구, 이성의 법칙에 가까울수록 우리는 그것을 잘 안다. 그러나 이 동물적 자아의 삶이 시공간의 틀 속에 규정되어 드러날수록 우리는 이들을 잘 모르게 된다. 즉 우리는 무엇보다 다른 사람들에 대해 잘 알고 있는 것이다. 다음으로 우리가 확실하게 잘 아는 것은 동물이다. 동물 속에서 행복을 추구하는 우리와 유사한 자아를 보고 또 우리의 이성적 의식과 유사한 무엇인가를 보지만 우리는 이성적 의식을 통해 동물들과 교류할 수는 없다. 동물 다음으로 잘 아는 것은 식물인데, 행복을 추구하는 인간의 자아와 유사한 것을 찾기가 어렵다. 무엇보다 식물은 시공간적 현상이므로 더욱 인간이 알기 어려운 대상이다.

 그러한 대상을 우리가 아는 것은 그 안에 우리와 같은 동물적 지이가 있어 **행복**을 추구하고 시공간의 조건 속에서 이성의 법칙을 따르기 때문이다. 우리가 더 이해하기 힘든 것은 자아가 없는 물질적 대상들이다. 그런 대상 속에서 우리는 행복을 추구하는 자신의 자아와 비슷한 것을 찾을 수 없고, 물질을 지배하는 이성의 법칙에 의한 시공간의 현상만을 볼 수 있다.

우리 지식의 진실은 시공간적으로 관찰될 수 있느냐의 여부에 좌우되지 않는다. 오히려 그 반대로 대상이 시공간 속에서 관찰될수록 대상을 이해하기가 어려워진다.

세계에 관한 우리의 지식은 인간의 행복에 대한 욕구를 파악하고, 행복을 위해 우리의 동물적 자아가 이성을 따라야 할 필요성을 인식하는 데서 나온다. 우리가 동물적 삶을 이해한다면, 그것은 동물 내면의 행복 욕구와 유기체의 법칙으로 작용하는 이성의 법칙을 따라야 할 필요성을 알기 때문이다.

우리가 물질을 이해한다는 것은, 물질이 가진 행복은 몰라도 자신 속에서 볼 수 있는 것과 같은 현상을 본다는 것, 즉 그 속에 있는 이성적 법칙을 따라야 할 필요성을 발견한다는 것이다.

무엇에 관한 것이든, 지식이라는 것은 이성의 법칙에 따라 행복을 추구하는 것이 인생이라는 우리의 유일한 지식을 다른 대상에 적용하는 것에 불과하다.

우리는 우리 내면의 법칙을 통해 동물을 인식할 수는 있다.

하지만 동물에 작용되는 법칙을 통해 자신을 인식할 수는 없다. 물질 현상에 적용된 법칙을 통해 우리가 자신을 인식하기는 더욱 어렵다.

인간이 외부세계에 관해 아는 모든 것은 자신과 관계된 것뿐이다. 이는 자신의 내면에서 세계에 대한 서로 다른 세 가지 관계를 발견하기 때문이다. 첫째는 세계에 대하여 자신의 이성적 의식이 갖는 관계, 둘째는 세계에 대한 동물적 자아가 갖는 관계, 셋째는 세계에 대하여 자신의 육체(동물적 육체를 구성하는 물질)가 갖는 관계이다. 인간은 내면의 이 세 가지 관계를 알고 있으며, 세계를 세 가지 측면, 즉 1) 이성적 존재, 2) 동물과 식물, 3) 물질로 인식한다.

자신의 내부에도 이와 같은 세 종류의 인식 대상을 갖고 있기 때문에 인간은 항상 세상에서 이 세 가지 대상을 보는 것이다. 인간은 자신을 1) 동물적 자아가 따르는 이성적 의식으로, 2) 이성적 의식을 따르는 동물적 자아로, 3) 동물에 속한 물질로 인식한다.

인간이 물질의 법칙을 인식하고 있다고 해서 유기체의 법칙을 이해할 수 있는 것이 아니다. 또한 유기체의 법칙을 인식하고 있다고 해서 이성적 의식으로서 자신을 인식할 수 있는 것도 아니다. 오히려 그 반대다. 인간이 무엇보다 먼저 알아야 하고, 또 알 수 있는 것은 자기 자신이다. 즉 행복을 위해 따라야 하는 이성의 법칙이다. 자아와 이성의 법칙을 알아야만 인간의 동물적 자아의 법칙과 그와 유사한 자아들의 법칙, 그리고 그보다 우리에게서 훨씬 멀리 떨어져 있는 물질의 법칙을 인식할 수 있고, 인식해야 한다.

인간이 알아야 하고 또 알고 있는 것은 오로지 자신뿐이다. 동물의 세계에 대한 이해는 인간이 자신에 대한 이해를 반영한 것일 뿐이다. 그 반영을 다시 반영한 것이 물질세계에 대한 이해이다.

인간이 물질 법칙을 유난히 명백하게 인식하는 것은 그것이 단순해 보이기 때문이다. 물질의 법칙이 단순하게 보이는 것은 그것이 인간의 삶의 법칙에서 특히 멀리 떨어져 있기 때문이다.

유기체의 법칙도 인간 삶의 법칙에서 멀기 때문에 상대적으로 단순하게 보인다. 그러나 인간은 유기체 내부의 법칙을 관찰할 뿐, 인간이 행해야 하는 이성적 의식의 법칙을 알듯이 그 법칙을 알지는 못한다.

인간은 잘 알지도 못하는 존재들을 외부적으로 관찰할 뿐이다. 인간이 확실하게 알고 있는 것은 오로지 이성적 의식의 법칙뿐이다. 왜냐하면 이성적 의식의 법칙이 인간의 행복을 위해 필요하며, 우리는 이 의식에 의해 살고 있기 때문이다. 이성적 의식을 볼 수 없는 이유는 인간이 이성적 의식을 내려다 볼만한 더 높은 시각을 지니지 못했기 때문이다.

이성적 의식이 동물적 자아를 지배하고, 동물적 자아가 물질을 지배하는 것처럼, 이성적 의식을 지배할 수 있는 더 높은 존재가 있다면, 그 존재는 인간이 동물이나 물질을 보듯이 이성적 삶을 볼 수 있을 것이다.

삶은 그 안에 내재된 두 종류의 존재 방식, 즉 동식물(유기체)적 존재와 물질적 존재로 단단하게 연결되어 있다.

인간은 참된 삶을 스스로 살아가고 있다. 그러나 인간은 자신의 삶과 연관된 두 존재 방식에 관여할 수 없다. 인간을 구성하는 육체와 물질은 스스로 존재하고 있기 때문이다.

인간의 삶 속에 포함된 이 두 가지 존재는 인간의 현생에 남아 있는 전생에 대한 기억처럼 보인다. 인간의 참된 삶 속에서 이 두 존재는 인간의 노동을 위한 도구와 재료가 되지만, 노동 그 자체가 되지는 않는다.

인간이 노동의 재료와 도구를 연구하는 것은 유익한 일이다. 재료와 도구를 잘 알수록, 인간은 풍요롭게 살며 일할 수 있다. 자신의 삶 속에 포함된 두 존재, 즉 자신의 동물적 자아와 동물을 구성하는 물질을 연구하여, 인간은 마치 거울을 보듯이, 이성의 법칙에 따라야 하는 모든 존재의 일반 법칙을 깨닫게 된다. 이로써 자신의 동물적 자아가 그 법칙에 따라야 할 필요성을 확신하게 된다. 그러나 인간은 노동의 재료와 도구를 자기의 노동 자체와 혼동할 수도 없으며, 혼동해서도 안 된다.

  보고 만질 수 있으며 관찰할 수 있는 자신과 다른 사람의 삶, 또는 인간의 노력과 상관없이 이루어지는 삶을 아무리 연구하더라도 삶은 언제나 알 수 없는 것이다. 이런 관찰을 통해 의식하지 못하는 삶을 결코 이해할 수 없다. 그 삶은 끝없이 펼쳐지는 시공간 속에 항상 가려져 있으며, 참된 삶의 실체를 드러내지 않는다. 자신의 완전하고 특별한 행복을 위해서, 자신의 동물적 자아를 완전하고도 특별한 이성의 법칙에 따르게 함으로써 인간은 참된 삶을 알게 된다.

XIV

인간의 참된 삶은 시공간의 틀 속에서
이루어지지 않는다.

인생이란 인간이 자신의 동물적 자아를 이성의 법칙에 따라 제어함으로써 행복을 추구하는 것이다.

인간은 인간의 다른 삶을 알지도 못하고 알 수도 없다. 그는 동물을 구성하는 물질이 물질의 법칙뿐 아니라, 더 높은 유기체의 법칙을 따를 때 그 동물이 살아 있다고 인정한다.

만일 우리가 아는 물질의 결합이 신의 법을 따른다면 우리는 이 결합에 생명이 있다고 인정하지만, 만일 그렇지 않다면, 즉 그 물질의 결합이 신의 법에 대한 복종을 시작하지 않았거나 이미 끝냈다면, 또 기계·화학·물리적 법칙만이 적용되는 다른 물질로부터 이 물질을 구별하는 무언가가 없다면, 우리는 그 물질의 결합 속에 동물적 생명이 없다고 생각한다.

바로 이것은 인간 자신에게도 그대로 적용되어, 인간은 자신의 동물적 자아가 유기체의 법칙뿐 아니라, 더 고등한 이성적 의식의 법칙을 따를 때 자신이 살아있다고 인정한다.

자아가 이성의 법칙을 따르지 않을 때, 또 육체를 구성하는 물질이 따르는 자아의 법칙만이 인간에게서 작용할 때, 우리는 자신에게서도 타인에게서도 인간적 삶을 볼 수도 알 수도 없다. 물질의 법칙만을 따르는 물질에게 동물적 삶을 보지못하는 것과 마찬가지다.

인사불성, 광기, 또는 극도의 절망, 만취, 정욕에 빠진 사람이 아무리 힘차고 재빠르게 활동한다고 하더라도, 사람들은 그를 살아 있는 사람으로 대하지 않으며, 살아있다고 인정하지도 않고, 다만 살아있을 가능성이 있다고 생각할 뿐이다. 그러나 아무리 허약하고 활동적이지 못하더라도, 그 사람이 이성을 따르고 있다면, 사람들은 그를 살아있는 사람으로 대하게 된다.

우리는 동물적 자아가 이성의 법칙을 따르는 것만을 인간의 삶으로 이해할 수밖에 없다.

인생이 시공간을 통해 드러나기는 하지만, 인생은 시공간의 조건에 의해서 규정되는 것이 아니라 동물적 자아가 얼마나 이성을 따르는지에 따라 규정된다. 시공간의 조건에 따라 인생을 규정하는 것은 대상의 높이를 길이와 너비로 측정하는 것과 같다.

상하로 움직이는 동시에 좌우로 움직이는 물체의 운동은 진정한 인간의 삶과 동물적 삶 사이의 관계 혹은 참된 삶과 시공간적 삶 사이의 관계와 유사하다. 위로 향해 비상하는 물체는 평면에서의 운동에 좌우되지 않으며 평면의 운동에 의해 늘거나 줄지 않는다. 인생도 이와 똑같다. 참된 삶은 항상 자아를 통해 드러나지만 다른 자아의 삶에 의해 좌우되어 증가되거나 줄어들지 않는다.

인간의 동물적 자아가 속한 시공간적 조건은 동물적 자아가 이성적 의식을 따르는 참된 삶에 영향을 미칠 수 없다.

살고자 하는 사람은 자신의 시공간적 운동을 파괴하거나 멈추게 할 수 없다. 하지만 참된 삶은 눈에 보이는 시공간적 운동에 좌우되지 않고 이성을 따름으로써 행복을 얻는다. 오직 이성을 따름으로써 더욱더 커다란 행복을 얻게 되는 것이다. 이성을 따르지 않으면 인생은 점차적으로 시공간의 두 가시적인 방향을 향하게 되고, 이에 따라 단순한 생존만이 가능해진다. 바로 위를 향하는 상승 운동인 이성을 따르게 되면 상승 운동과 시공간적 힘 사이에 균형이 생기고, 이에 따라 인간의 삶을 끌어올리며 균형이 잡힌다.

시공간의 힘은 삶의 개념과 양립할 수 없는 유한하며 제한적인 힘이다. 이성을 따름으로써 행복을 추구하는 힘은 삶을 상승시키는 힘이며, 삶 그 자체의 힘이다. 시공간적 한계가 없다.

삶이 정지하거나 분열된다고 느껴 머뭇거리게 되는 것은 혼동이며 의식의 기만(외부 감각의 착각과 유사하다)일 뿐이다. 참된 삶에는 머뭇거림과 혼동이 없으며 있을 수도 없다. 머뭇거림과 혼동은 삶에 대한 그릇된 시각에서 비롯될 뿐이다.

인간이 참된 삶을 살면 동물적 삶보다 높은 곳으로 올라가게 된다. 그리고 높은 곳에서 죽음으로 끝나게 될 자신의 동물적 존재를 내려다보게 된다. 이때 자신의 동물적 자아가 심연으로 둘러싸인 평면에 있는 것을 보고, 그것을 높은 곳에서 내려다보는 것이 참된 삶이라는 것을 인정하지 못한다면 오히려 공포에 휩싸인다. 그리하여 자신을 높은 곳으로 상승시킨 힘이 자신의 삶이라는 것을 인정하지 못하고 자기 앞에 펼쳐진 방향으로만 나가고, 높은 곳에서 아래로 펼쳐진 광경을 보고 두려움에 사로잡혀 일부러 아래로 내려가, 그 앞에 펼쳐진 심연이 보이지 않도록 최대한 낮은 곳에 자리 잡게 된다. 이성적 의식은 인간을 다시 끌어 올리는데도, 인간은 다시 두려움에 사로잡혀 심연을 보지 않으려고 또 다시 땅으로 내려오는 것이다. 이 같은 상황은, 인간이 파국적인 삶의 공포에서 벗어나기 위한 지상에서의 삶, 즉 시공간의 삶이 참된 삶이 아니라 자아가 이성의 법칙을 따르는 상승 운동만이 그의 삶이며 그때 행복이 가능해진다는 것을 깨달을 때까지 계속 반복된다. 심연의 바닥에서 끌어올려 줄 날개가 인간 자신에게 있다는 것을 깨달아야 한다. 만약 그에게 날개가 없었더라면 결코 그는 높은 곳으로 날아오르지 못했을 것이며 끝없는 심연을 보지도 못했을 것이다. 인간은 자신의 날개를 믿어야 하며 날개가 이끄는 대로 날아야 한다.

이런 믿음이 부족하면 참된 삶을 시작하는 것이 이상하게 느껴지고 혼란스러워 의식이 정지되며 분열이 일어나는 것이다.

시공간으로 규정되는 동물적 존재로서만 자신의 삶을 보는 사람만이 이성적 의식이 때때로 드러났었다고 생각한다. 자신의 내면으로부터 이성적 의식이 발현하는 것을 보면서, 인간은 스스로에게 언제 어떤 상황에서 이성적 의식이 나타났는지를 자문하게 된다. 그러나 인간이 아무리 자신의 과거를 회상해 보아도 그는 결코 이성적 의식이 발현한 시간을 찾아내지 못할 것이며, 이성적 의식이 존재한 적이 없거나 혹은 항상 존재했었던 것으로 생각할 것이다. 이성적 의식이 나타났다

사라졌다를 반복한다고 느끼는 것은 단지 그가 이성적 의식을 자신의 삶이라고 인정하지 않기 때문이다. 시공간으로 규정되는 동물적 존재로서 자신의 삶을 보는 사람은 이성적 의식이 깨어나 활동하는 것을 자의적으로 제어하려고 한다. 그리고 인간은 스스로 이렇게 자문한다. 나의 이성적 의식은 어떤 조건에서 얼마나 지속되는가? 하지만 동물적 자아의 삶을 자신의 삶이라고 보는 사람의 경우에는 이성적 삶의 활동에 빈틈이 생긴다. 이성적 의식의 활동 속에서 자신의 삶을 이해하는 사람에게만 이런 빈틈이 존재하지 않는다.

이성적 삶은 존재한다. 오직 이성적 삶이 홀로 존재한다. 시간이 존재하지 않는 이성적 삶에서는 일 분이든 오만 년이든 서로 차이가 없다. 진정한 인생은 이성적 삶을 토대로 다른 모든 삶을 이해할 수 있으며, 자아가 이성적 법칙을 따름으로써 얻는 행복을 추구하는 것이다. 이성도, 이성을 따르는 수준도, 시간과 공간에 의해 규정되지 않는다. 진정한 인생은 시공간을 초월해서 영위되는 것이다.

동물적 자아의 행복을 버리는 것이 곧 인생의 법칙이다.

인생은 곧 행복을 추구하는 것이다. 행복 추구가 곧 인생이다. 만인이 그렇게 이해해 왔고 그렇게 이해하고 있으며 앞으로도 그렇게 이해할 것이다. 그러므로 인생은 인간적 행복을 추구하는 것이며, 인간적 행복 추구는 인간적 삶이기도 하다. 사고하지 않는 인간의 무리들은 동물적 자아의 행복을 인간의 행복이라고 이해한다.

행복의 개념을 인생의 정의에서 제외시킨 그릇된 학문이 동물적 생존을 인생으로 이해하고, 인생의 행복을 동물적 행복으로만 보기 때문에 대중과 함께 혼란에 빠진다.

학문에서 말하는 개인 혹은 자아를 이성적 의식과 구별하지 못하는 데서 혼란이 초래된다. 이성적 의식은 자아를 포함한다. 하지만 자아는 이성적 의식을 포함하지 않는다. 자아는 동물적 특성이며 동물적인 인간의 특성이다. 이성적 의식만이 인간의 고유한 특성이다.

동물은 오직 자신의 육체만을 위해 살 수 있으며 그렇게 사는 데 아무것도 방해되지 않는다. 동물은 자아를 만족시키고 무의식적으로 자기 종족에 봉사하지만, 그것이 자신의 자아라는 것을 알지 못한다. 그러나 이성적인 사람은 자신의 육체만을 위해 살 수가 없다. 그렇게 살 수 없는 이유는 스스로 자아라는 것을 알기 때문이다. 그러므로 자신과 같은 다른 존재, 다른 자아들이 있다는 것을 알고 있으며, 나아가 이 모든 개인들과의 관계 속에 필연적으로 발생하는 모든 것을 알고 있다.

만일 인간이 동물적 행복만을 추구하고 자신의 자아만 사랑한다면, 타인도 동물처럼 자신만을 사랑할 것이라는 사실을 모를 것이다. 그러나 주변 사람들도 자신과 마찬가지로 개인의 행복을 추구한다는 사실을 깨닫는다면, 인간은 더 이상 자신의 이성적 의식에 비추어 볼 때 악으로 여겨지는 그런 행복을 추구할 수 없으며, 더 이상 개인의 행복도 추구할 수 없게 된다. 동물적 자아의 욕구 충족을 행복 추구라고 생각하는 경우가 가끔씩 있다. 이런 착각은 동물적 자아의 내면을 이성적 의식의 목표라고 보는 데서 비롯되는 것이다. 그것은 마치 꿈속에서 본 일을 깨어난 후에도 계속하려는 것과 같다. 그릇된 가르침을 통해 이런 착각이 옳은 것이라고 배웠기 때문에 인간의 내면에서 동물적 자아와 이성적 의식의 혼동이 생긴다.

하지만 이성적 의식은, 동물적 자아의 욕구를 충족시키는 것이 행복이 될 수 없으며 따라서 진정한 인간의 삶일 수 없음을 인식하고 있다. 그럼으로써 동물적 자아에는 존재하지 않는 참된 삶과 행복으로 인간을 강하게 이끈다.

일반적으로 동물적 자아의 행복을 벗어나는 것이 인간의 위업이고 미덕이라고 한다. 그러나 자아의 행복을 저버리는 것은 위업도 미덕도 아니다. 필연적인 인생의 조건이다. 인간이 자신을 세상 전체로부터 떨어져 있는 자아로 인식하듯이 다른 자아들도 모든 세상에서 떨어져 있다는 것을 안다. 그래서 그들과의 관계와 자아의 행복은 환상일 뿐이며, 이성적 의식을 만족시키는 것만이 유일하고도 진정한 행복임을 인식하게 된다.

동물적 자아의 행복을 목적으로 하지 않는 동물의 활동은 행복에 위배되고 삶을 부정하는 것이다. 하지만 인간의 경우는 반대이다. 자아의 행복만을 추구하는 인간의 삶을 전면적으로 부정해야 한다.

존재의 비참함과 유한성을 알려주는 이성적 의식이 없는 동물에게 자아의 행복과 종족 보존은 최고의 행복이다. 하지만 인간에게 존재의 비참함과 유한성을 알려주는 이성적 의식은 진정한 행복을 알게 하는 과정이며 수단이다.

인간에게 동물적 자아에 대한 인식은 삶 자체가 아니라, 자아의 행복과 무관하게 인간만이 누릴 수 있는, 지극히 행복한 삶의 출발점이다.

일반적인 인생관에 따르면 인간의 생애는 동물적 존재의 출생과 죽음에 이르는 짧은 시간이다. 그러나 이것은 인간의 삶이 아니라 인간이 동물적 자아로서 존재하는 것일 뿐이다. 유기체의 삶이 물질적 존재로 발현되지만 물질은 아니듯, 인간의 삶도 역시 동물적 존재로 발현되지만 단순히 동물이 아닌 어떤 것이다.

인간은 우선 자아의 가시적 목적을 삶의 목적으로 생각한다. 이것은 눈에 보이기 때문에 이해가 쉽다. 반면에 이성적 의식이 제시하는 목적은 눈에 보이지 않기 때문에 이해하기 어렵다. 따라서 인간에게 있어 보이는 것을 거부하고 보이지 않는 것을 선택하기가 두려운 것이다.

눈에 보이는 동물적 요구는 수동적이며 단순하고 명료해 보인다. 그릇된 가르침에 중독된 사람에게는 그렇다. 반면 눈에 보이지 않는 이성적 의식의 새로운 요구는 대립적인 것으로 느껴진다. 이성적 의식이 요구하는 바를 충족시키는 것은 저절로 되는 것이 아니며 인간이 직접 노력해야 하는 것이며 복잡하고 불명료해 보인다. 눈에 보이는 삶에서 벗어나 보이지 않는 의식을 따르는 것은 두렵고도 끔찍하게 느껴질 수 있다. 이것은 마치 자신의 출생을 느끼는 아기가 탄생을 두렵고 끔찍하게 느끼는 것과 같다. 그러나 보이는 것은 우리를 죽음으로 인도하는 반면, 보이지 않는 의식은 우리에게 생명을 주는 것이 명백하니 어쩌겠는가.

XVI

동물적 자아는 삶의 도구이다

동물적 자아의 내면에 참된 삶이 있을 수 없다. 이 자아의 존재는 끊임없이 파괴되어 죽음을 향하고 있기 때문이다. 의심할 바 없는 이 명백한 진리는 그 어떤 논리로도 감출 수 없다.

태어나 자라고 늙어 죽음에 이르면서 인간은 자신이 동물적 자아의 부단한 소모와 쇠약의 과정에 있다는 것을 인정하지 않을 수 없다. 따라서 개인의 확장과 불멸을 욕망하는 인간은 끊임없는 모순과 고통 속에서 불행을 경험하게 된다. 삶의 유일한 의미가 행복 추구임에도 말이다.

무엇이 인간의 진정한 행복이든 인간은 반드시 동물적 자아의 행복에서 벗어나야 한다.

동물적 자아의 행복을 버리는 것이 인생의 법칙이다. 동물적 자아를 버리고 이성적 의식을 따르려고 노력하지만 의지대로 실행되지 않는다면, 이 법칙은 육체적 죽음을 맞이할 때 강제적으로 행해진다. 육체의 동물적 자아가 죽음을 맞이하게 되어 아픔의 고통을 이기지 못하게 될 때, 죽어가는 자신에 대한 의식에서 벗어나 새로운 생명체가 되길 소망하게 된다.

인간의 삶은 주인이 말을 마구간에서 끌고 나와 마차에 묶을 때 말에게 생기는 상황과 비슷하다. 마구간에서 나온 말은 세상을 보고 자유를 느끼고 이 자유로움 속에 삶이 있다고 생각한다. 그러나 마차에 묶여 달려야 한다. 말은 등 위의 무게를 느낀다. 만약 자유롭게 달리는 것이 자신의 삶이라고 생각한다면 마차에 묶인 말은 속박을 벗어나기 위해 몸부림치고 쓰러지고 때로는 죽을 것이다. 말이 죽지 않으려면 선택은 두 가지뿐이다. 하나는 주인이 이끄는 대로 마차를 끌고 다니는 것이다. 그러면 그렇게 무겁지도 않고 달리는 것이 고통스럽지 않으며 즐겁다는 것을 알게 된다. 다른 하나는 주인을 거부하는 것이다. 이렇게 되면 주인은 말을 방앗간으로 끌고 가 어두운 곳에서 한 자리를 맴돌며 방아를 돌리게 할 것이다. 고통스럽지만 말의 힘이 헛되이 쓰이지는 않는다. 말은 자신의 의지와 무관한 일을 하지만 자신의 법칙은 수행하는 것이다. 단지 차이가 있다면 첫 번째 선택은 즐겁게 일한다는 것이며, 두 번째 선택은 원치 않는 일을 고통스럽게 한다는 점이다.

동물적 존재가 자신의 삶이라고 생각하는 사람들은 이렇게 말한다. "인간인 내가 삶을 얻기 위해 자아의 행복을 거부해야 한다면 도대체 자아란 왜 존재할까?"

진정한 인생의 발현을 방해하는 자아의 의식이 왜 인간에게 주어진 것일까? 이것은 자신의 삶과 종족 보존을 목적으로 살아가는 동물이나 할 만한 질문이라 말할 수 있다.

동물은 이렇게 질문할 것이다.

"내 삶의 목적을 이루기 위해서 싸워야 하는 이 물질과 기계, 물리, 화학 등 물질의 법칙은 무엇 때문에 존재하는 것인가?"

또 동물은 이렇게 말할 것이다.

"내 소명이 동물적 삶의 구현이라면 극복해야 할 장애물들이 왜 존재하는가?"

투쟁의 대상으로서 동물의 생존을 위해 작용하는 만물과 그 모든 법칙은 본질적으로 장애물이 아니라 목적을 위한 수단이다. 물질을 이용하고 그 법칙을 통해 동물들이 살고 있기 때문이다. 인생도 바로 이렇게 이루어진다. 인간이 내면을 통해 확인하는 동물적 자아, 이성적 의식에 따라야 하는 동물적 자아도 장애물이 아니라, 행복을 얻기 위한 수단인 것이다. 인간에게 동물적 자아는 이성적 존재에게 부여된 삽과 같다. 이 삽은 흙을 파다가 무뎌지면 다시 갈아 쓰는 것이지, 깨끗이 닦아 모셔 두는 것이 아니다. 이것은 사람의 성장을 위해 부여된 재능이지, 절대 보관을 위한 물건이 아니다.

"누구든지 제 목숨을 구원하고자 하면 잃을 것이요 누구든지 나를 위하여 제 목숨을 잃으면 찾으리라."※

이 말의 의미는 멸망하고 끊임없이 죽어갈 것을 억지로 지키려 하지 말고 죽어 사라질 동물적 자아를 포기해야만 한다는 것이며, 그래야만 참된 삶을 얻을 수 있는 것이다. 이 말은 결코 우리 삶이 된 적도 없었고 될 수도 없는 동물적 생존을 더 이상 우리 삶이라고 생각하지 않는 순간, 진정한 우리 삶이 시작된다는 뜻이다. 즉 삶을 지탱할 양식을 준비하기 위해 존재하는 삽을 아껴 둔 자는 결국 삽을 아껴 두었기 때문에 양식도 삶도 잃는다는 것이다.

※ 마태복음 16장 25절

XVII

정신적 탄생

예수는 "거듭나야 하느니라."라 했다.※ 이는 누가 인간에게 거듭나라고 명령해서가 아니라, 인간은 필연적으로 거듭나야 한다는 뜻이다. 참된 삶을 살기 위해서 인간은 이성적 의식의 존재로 새로이 태어나야 한다.

인간은 이성적 의식이 제시하는 행복 속에서 살기 위해 이성적 의식을 부여받은 것이다. 이런 행복을 추구하는 자는 살 것이고, 이런 행복을 추구하지 않는 자는 자신의 삶을 잃게 된다. 바로 이것이 예수가 제시하는 삶이다.

자아의 행복 추구를 인생이라 여기는 사람들이 이 말을 들으면 인정할 수도 이해할 수도 없을 것이다. 그들에게 이런 말은 아무런 의미도 없거나 아니면 의미를 갖더라도 미미해서,

---

※ 요한복음 3장

그들 표현대로 말해 감상적이고 약간은 신비스런 기분이 들게 할 뿐이다. 이 말의 의미는 그들이 도달하기 어려운 경지를 설명하고 있다. 따라서 그들은 이 말을 이해하지 못한다. 그것은 마치 말라 비틀어져 싹을 틔울 수 없는 씨앗과 같다. 마른 씨앗은 물기를 머금고 싹을 틔우는 씨앗을 이해하지 못한다. 마른 씨앗의 입장에서 보면, 햇빛은 우연히 내리쪼인 약간의 온기와 빛일 뿐이고, 그래서 무의미하다. 그러나 싹을 틔우는 씨앗 입장에서 태양은 생명 탄생의 요인이 된다. 이는 사람에게도 똑같이 적용된다. 동물적 자아와 이성적 의식의 내적 모순에 도달하지 못한 사람에게 이성의 햇빛은 의미 없는 우연일 뿐이며 감상적이고 신비스러운 어떤 것에 지나지 않는다. 이 햇빛은 내적 모순에 도달한 사람만을 참된 삶으로 인도한다.

사람의 내면뿐만이 아니다. 아무도 동물과 식물의 내부에서 어떻게, 왜, 언제, 어디서 생명이 태동하는지 결코 알지 못한다. 인간 내면에서 태동하는 생명에 관하여 예수는 아무도 알지 못하고 알 수 없을 것이라고 말했다.

실제로 자신의 내면에서 생명이 움트는 것을 인간이 어떻게 알 수 있겠는가? 생명은 인간의 빛이며, 생명은 삶이며, 모든 것의 시작이다. 어떻게 생명이 태동하는지 인간이 어찌 알 수 있겠는가? 인간이 보았을 때, 태어나고 죽는 것은 살지 않았던 것이 시공간에 드러나는 것이다. 이것과는 달리 참된 삶은 늘 존재하기 때문에 그것은 사람에게서 태어나지도 죽지도 않는다.

XVIII

이성적 의식은 무엇을 요구하는가?

 그렇다, 이성적 의식은 인간의 자아로부터 세계가 형성될 때 논박의 여지없이 행복이란 존재할 수 없다고 인간에게 말한다. 인간의 삶은 바로 자기 자신의 행복을 추구하는 것이지만, 인간은 이러한 행복이 불가능하다는 것을 잘 알고 있다. 그러나 신기하게도 인간은 계속해서 이 불가능한 행복을, 즉 자신만을 위한 행복을 열망하며 산다.

 이성적 자아가 깨어났지만 아직 동물적 자아에 끌려다니며 동물적 자아를 제어하지 못하는 사람은 오로지 자기 자신만의 행복을 실현하기 위해 산다. 모든 사람들과 생명체가 자기 한 사람을 위해 살아가고 행동하여 자신에게 기쁨과 만족을 주길 바라며, 어떠한 고통도 죽음도 없는 쾌락만을 바라며 산다.

정말 놀라운 일이다. 자신의 경험과 모든 주변 인생에 대한 관찰을 통해 그런 행복이 불가능하다는 것을 분명히 인식할 수 있으며, 타인들이 그들 자신보다 나를 더 사랑하도록 만들 수 없다는 것이 분명한데도 부와 권력, 명예, 명성, 아첨, 기만 등 온갖 수단을 동원하여 타인들이 오직 나만을 위해 살도록, 타인들이 자신을 사랑하지 않고 나만을 사랑하게 만들고자 노력한다.

많은 사람들이 이 목적을 이루기 위해 모든 노력을 해 왔고 또 그런 방식으로 노력하면서, 동시에 불가능한 것을 위해 노력하고 있다는 것을 깨닫는다. 그리고 이렇게 말한다.

"나는 행복을 추구한다. 나를 위한 행복은 만인이 그들 자신보다 나를 더 사랑해 줄 때 가능한데, 그 사람들은 그들 자신을 더 사랑한다. 그들이 나를 더 사랑하게 만들려는 노력은 아무 소용이 없다. 아무 소용이 없는 헛수고이지만 나로서는 다른 방도가 없다."

수 세기가 흘렀다. 사람들이 천체의 거리를 재고 중량을 측정해 내고 태양과 별들의 성분을 알아냈지만, 개인적 행복을 얻고자 하는 열망과 그러한 행복의 가능성을 부정하는 세상을 어떻게 조화시킬 것이냐 하는 문제는 오천 년 전과 똑같이 대다수 인간에게 해결되지 않은 채 남겨져 있다.

이성적 의식은 각 개인에게 이렇게 말한다.

"그렇다. 당신은 행복할 수 있다. 다만 모두가 그들 자신보다 당신을 더 사랑할 때에만 행복이 가능하다."

동시에 이성적 의식은 모든 사람이 자기 자신만을 사랑하기 때문에 그를 더 사랑하는 것이 불가능하다는 것을, 따라서 행복이 불가능하다는 것을 알려 준다. 이렇게 이성적 의식이 인간에게 열어준 유일한 행복의 문이 또 다시 닫히게 된다.

수 세기가 흘렀어도 대다수의 사람에게 인생의 행복에 관한 수수께끼가 예전과 같이 풀 수 없는 수수께끼로 남아 있다. 그러나 이 수수께끼는 아주 먼 옛날에 이미 모두 풀렸었다. 수수께끼가 풀린 것을 안 사람들 모두는 수수께끼를 어째서 직접 풀지 못했는지 의아해 할 정도이다. 단지 이미 오래 전부터 알던 것을 잊어버렸던 것이라고 느낀다. 세상의 그릇된 가르침에 사로잡혀 있지 않으면 어려워 보이는 수수께끼가 그토록 쉽게 저절로 풀리는 것이다.

모두가 당신을 사랑하고 모두가 당신을 그들 자신보다 더 사랑하길 원하는가? 당신의 바람이 이루어질 수 있는 경우는 단 한 가지뿐이다. 바로 만인이 타인의 행복을 위해 살고 타인을 그 자신보다 더욱 사랑하는 경우이다. 그렇게 되면 당신과 만인이 모두의 사랑을 받게 될 것이며, 모두와 더불어 당신은 당신이 열망하는 그 행복을 얻게 될 것이다. 모든 존재가 자신보다 타인을 더 사랑할 때 당신의 행복이 가능한 것이라면, 살아 있는 존재로서 당신도 당신 자신보다 타인을 더 사랑해야 한다.

오로지 이런 조건에서만 인간의 행복과 삶이 가능해지고, 오직 이런 조건에서만 인생의 해악이 되는 모든 것, 즉 생존 경쟁, 극심한 고통, 죽음의 공포가 사라질 수 있다.

실제로, 인간의 행복을 불가능하게 만드는 요인은 세 가지이다. 첫째, 개인의 행복을 찾는 생존 경쟁이다. 둘째, 인생의 낭비, 권태와 고통을 불러오는 쾌락의 속임수이다. 셋째, 죽음이다.

우선, 행복의 불가능성을 극복하고 행복을 얻기 위해서 개인의 행복을 추구하기보다는 타인의 행복을 추구하도록 사람이 바뀌어야 한다. 개인의 행복 추구를 인생의 목표라고 생각한다면 인간은 서로를 멸망시키는 비이성적인 생존 경쟁을 하게 된다. 완전히 다른 세상을 보려면 타인의 행복을 추구하는 인생이 바로 자신의 삶이라고 인정할 필요가 있다. 그렇게 되면 인간은 서로에게 끊임없이 상호 봉사하게 될 것이다. 이런 봉사 없이는 이 세상의 존재도 의미를 잃는다.

이것을 받아들이면 불가능한 개인의 행복을 위해 애쓰던

이전의 모든 어리석은 활동이 세상 법칙과 조화를 이루고 자신과 세계의 더욱 커다란 행복을 얻기 위한 다른 활동으로 바뀌게 된다.

개인의 삶을 비참하게 만들고 행복을 불가능하게 했던 또 다른 이유는 인생의 낭비, 권태와 고통을 불러오는 쾌락의 속임수이다. 타인의 행복을 추구하는 삶을 자신의 삶으로 인정하면 쾌락을 향한 기만적 욕망은 이내 사라져 버린다. 이성의 법칙에 따라, 밑 빠진 독을 채우는 것과 같은 동물적 자아의 고통스럽고 헛된 활동이 타인의 행복을 위해 필요한 활동으로 바뀐다. 삶의 활동을 파괴하는 개인의 극심한 고통은 타인에 대한 동정심으로 바뀔 것이며 그것은 가장 확실하고도 기쁜 활동이 될 것이다.

인생을 비참하게 만드는 세 번째 이유는 죽음의 공포이다. 인간이 동물적 자아의 행복 추구가 아닌, 다른 존재의 행복을 추구하는 것을 자신의 삶으로 받아들이기만 한다면 죽음은 놀라서 그의 앞에서 영원히 사라질 것이다.

죽음의 공포는 육체의 죽음으로 인해 삶의 행복을 잃을까 하는 두려움에서 비롯된다. 만일 타인의 행복을 자신의 행복으로 여기면, 다시 말해 타인을 더 사랑하게 된다면, 죽음이 삶과 행복의 끝으로 여겨지지 않는다. 타인을 위해 사는 사람에게 죽음은 행복과 삶의 소멸이 아니다. 다른 사람을 위해 봉사하는 삶으로 인생과 행복이 소멸되지 않을 뿐 아니라, 오히려 그 희생을 통해 더욱 커지고 강해지기 때문이다.

XIX

이성적 의식의 요구에 대한 확인

"그러나 이것은 삶이 아니다." 인간의 그릇된 의식은 화가 나서 이렇게 답할 것이다.

"그것은 인생을 부정하는 것이다. 바로 자살 행위이다." 그러면 이성적 의식은 대답할 것이다.

"나는 아무것도 모른다. 인생이 어떤 것인지 알 뿐이다. 다른 삶은 없으며 있을 수 없다. 내가 아는 것은 그런 삶이야말로 인간과 온 세상을 위한 삶이고 행복이라는 것이다. 이전의 생각으로 세상을 보면 내 삶과 모든 존재가 불행했고 무의미했다. 하지만 새로운 관점에서 보면 인간 내면에 부여된 이성의 법칙을 실현하는 것이 참된 삶이다. 개인이 모두를 위해 봉사하고 모두가 개인을 위해 봉사하는 이 법칙을 따를 때, 개인의 행복은 끝없이 커지고 확장될 수 있음을 안다."

"그렇지만 이것은 상상 속에서나 가능한 법칙이다, 이것은 실제 법칙이 아니다."라고 길 잃고 화가 난 의식이 답할 것이다.

"지금도 타인들은 나를 그들 자신보다 더 사랑하지 않는다. 따라서 나는 그들을 나 자신보다 더 사랑할 수 없다. 그들을 위해 쾌락을 잃고 고통에 시달리고 싶지 않다. 내게 이성의 법칙 따위 중요치 않다. 나는 오직 쾌락을 원하고, 고통에서 벗어나고 싶을 뿐이다. 그러나 이제는 생존경쟁이 벌어지고 있어서 나 홀로 싸우지 않으면 그들이 나를 짓밟을 것이다. 모든 사람을 위한 최고의 행복이 어떻게 얻어질지 모르지만 아무래도 좋다. 이제 나만을 위한 최고의 진정한 행복이 필요하다." 거짓 의식은 이렇게 말한다.

"나는 그것에 관해 아는 바가 없다."라고 이성적 의식이 답한다. "자신이 쾌락이라 부르는 것이 행복이 되는 것은 당신 스스로 행복을 손에 넣을 때가 아니라, 타인들이 당신에게 줄 때임을 나는 안다. 당신이 자신을 위하여 행복을 손에 넣으려 할 때, 당신의 쾌락은 허무와 고통만 안겨줄 것이다. 타인들이 당신을 고통에서 벗어나게 해줄 때만 당신은 진정으로 고통에서 벗어난다. 지금처럼 당신 스스로 벗어나려 아무리 애를 써도, 상상 속 고통의 공포로 당신은 삶을 잃게 될 뿐이다."

동물적 자아의 삶이 그러하다는 것을 나는 안다. 만인이 나 하나만을 사랑해야 하고, 나 또한 나 자신만을 사랑해야 하고 최대의 쾌락을 얻어야 하며, 고통과 죽음에서 벗어나야 하는 자아의 삶은 크고 끊임없는 고통일 뿐이라는 것을 안다. 내가 자신만을 사랑하고 타인들에 맞서면 점점 더 자신을 미워하게 될 것이며, 그들과 더욱 격렬하게 싸우게 될 것이다. 고통은 피할수록 더 심해지고, 죽음은 피할수록 그 공포는 더 커진다.

인간이 무엇을 하든 자신의 삶의 법칙에 따르기 전까지 행복을 얻을 수 없다는 것을 안다. 인생의 법칙은 싸움이 아니라, 서로 돕는 것이다.

"그러나 나는 나의 삶을 나 개인의 것으로만 알고 있다. 다른 존재들의 행복을 나의 삶이라고 생각할 수가 없다."

"나는 그것은 알지 못한다." 이성적 의식은 이렇게 말한다. "이전에는 불행하며 의미 없던 내 삶과 세상이 이제는 하나의 내면적 이성의 법칙을 따름으로써 하나의 행복을 추구하며, 하나의 이성적 전체가 되어 살아간다는 것을 안다."

"그러나 내게는 불가능하다."

길 잃은 의식은 이렇게 말한다. 그러나 이 불가능한 일을 하지 않는 사람도, 이 불가능한 일에서 최고의 행복을 추구하지 않는 사람도 없다.

"다른 존재의 행복이 자신의 행복이 될 수는 없다."

그러나 타인의 행복이 자신의 행복이 되는 상황을 모르는 사람은 없다.

"타인을 위한 노동과 고통 속에서 행복을 찾을 수는 없다."

하지만 타인의 고통에 공감하면 자아의 쾌락은 의미를 잃게 되고, 삶의 힘이 타인의 행복을 위한 노력과 고통으로 전환되며, 그 노력과 고통이 진정한 행복이 된다.

"타인의 행복을 위해 내 삶을 희생하는 것은 불가능하다."

하지만 타인의 고통에 공감하면 죽음도 사라지고 더 이상 두렵지 않을 뿐 아니라, 죽음이야말로 최고의 행복이라고 느끼게 된다.

자신의 행복을 추구하다가 다른 존재의 행복을 추구하게 되었을 때, 이전의 불행하고 비이성적이던 삶이 행복하고 이성적인 삶이 된다는 것을 이성적 사람이라면 모를 수 없다. 이전의 어리석고 잔인한 삶 대신에, 타인과 다른 존재의 삶과 세계의 삶을 이해하면 인간이 간절히 바라는 최고의 이성적 행복을 얻게 된다는 것을 잘 안다. 이전의 무의미하며 목적 없던 삶 대신, 삶은 이성적 의미를 갖게 된다. 인간이 세상을 살아가는 목적은 세상의 모든 존재가 하나 되는 것이며 끝없는 광명이 실현되는 것이다. 삶은 그러한 목적을 향하고 있다. 모든 존재가 점차 이성의 법칙을 따르며 그러한 목적을 향해 나가다가 나중에는 삶의 행복이 각 개인의 행복 추구가 아니라, 이성의 법칙에 따라 각 개인이 다른 만인의 행복을 추구하는 것이라는 것을 이해하게 될 것이다.(현재 오로지 인간만이 그것을 이해할 수 있다.)

뿐만 아니라, 자신의 행복 추구를 다른 존재를 위한 행복 추구로 바꾸면 인간은 점차 자아를 포기하게 되고, 활동의 목적이 자신이 아니라 타인을 위한 것으로 바뀐다. 인류를 향하여, 또 인간과 가까운 다른 살아 있는 존재를 향하여 점점 더 앞으로 나가게 된다는 것을 인간이 모를 수는 없다. 역사를 살펴보면 대부분의 인생이 생존 경쟁을 심화시키고 확대시키는 것이 아니라, 오히려 불화를 줄이고 싸움을 약화시키고자 했으며, 삶의 움직임은 반목과 불화에서 벗어나 평화를 향하고 있고, 이성을 따름으로써 점차 조화를 이루고 하나가 되고자 했음을 확인할 수 있다. 서로를 잡아먹던 사람들이 더 이상 서로를 잡아먹지 않게 되었으며, 포로와 자식을 죽이던 사람들이 더 이상 죽이지 않게 되었고, 살육을 자랑하던 군인들이 더 이상 살인을 자랑하지 않게 되었으며, 노예제도를 만들었던 사람들이 그것을 없앴고, 동물을 잡아먹던 사람들이 동물을 길들이고 덜 잡아먹게 되었다. 동물의 고기 대신에 알과 우유를 먹게 되었다. 식물을 마구 베어버리는 일도 줄게 되었다는 것을 인정하지 않을 수 없다. 인류의 훌륭한 사람들은 쾌락을 쫓는 것을 비난하고 절제를 요구하고 있으며, 타인의 행복을 위해 자신을 희생하는 모범을 보여준다는 것을 인간은 잘 안다. 이성의 요구에 따르는 바로 그 삶이 실제로 인류의 역사 속에서 이루어졌으며 증명되고 있음을 안다.

  그뿐 아니다. 이성이나 역사보다 더 강렬하고 확실하게, 마치 다른 근원에서 나온 듯 그의 마음을 직접적인 행복으로 채우고, 이성이 제시하는 활동으로 나가게 하는 것은 바로 사랑이다.

자아의 요구는 이성적 의식의 요구와
양립할 수 없는 것처럼 보인다.

 이성, 고찰, 역사, 내면의 감정 등 모두가 이성에 따라 타인을 위해 사는 삶이 매우 옳다고 확신시켜 준다. 하지만 세속 교육을 받은 사람은 이성적 의식과 내적 감정의 욕구를 충족시키는 것이 삶의 법칙이 될 수 없다고 생각한다.
 "자신의 행복을 위하여 타인들에 맞서지 말고 쾌락을 찾지 말 것이며, 고통을 피하거나 죽음을 두려워하지 말라고요? 그것은 불가능합니다. 그것은 모든 삶을 포기하는 것입니다! 내가 동물적 자아의 욕구를 느끼고 이성에 따라 이런 욕구가 당연하다고 인정한다면, 어떻게 자아를 포기할 수 있단 말인가요?"
 우리 시대의 교양 있는 사람은 이렇게 확신한다.

여기 독특한 현상이 보인다. 못 배운 순박한 노동자는 자아의 욕구를 거의 고집하지 않으며 자아의 욕구와 정반대의 욕구를 항상 내적으로 느낀다. 그러나 이성적 의식을 전적으로 부정하고 무엇보다 이런 욕구의 합리성에 반박하며 자아의 권리를 고집하는 사람은 부유한 사람, 진보적 사상을 지닌 세련된 사람들 사이에서만 발견된다는 점이다.

진보적이고 부유하며 한가로운 사람은 자아가 고유 권리를 지녔다는 것을 항상 증명할 것이다. 그러나 굶주린 사람은 인간이 먹어야 산다는 사실을 증명하지 않을 것이다. 인간이 먹어야 한다는 사실은 누구나 알기 때문에 이를 증명할 필요도, 부정할 필요도 없다는 것을 안다. 그는 그저 먹을 것이다.

이런 일이 생기는 것은 배우지 못하고 평생 육체 노동을 했던 소박한 사람이야말로 이성을 왜곡하지 않으며 이성의 순수한 힘을 간직하고 있기 때문이다.

배운 사람은 평생 무의미하며 쓸데없는 것을 생각하고, 또 인간 본성에 맞지 않는 것을 생각하느라 이성을 왜곡해서 이성이 자유롭지 못하게 만든다. 그들의 이성은 본연의 업무가 아닌, 자아의 욕구를 생각하고 자아의 욕구를 발전시키고 확대시키며 충족시킬 방법을 고안하느라 바쁜 것이다.

"그럼에도 나는 동물적 자아의 요구를 느낀다. 그리고 이런 자아의 요구는 정당하다." 세속적 교육을 받은, 배웠다는 사람들이 이렇게 말한다.

이들은 자아의 욕구를 느끼지 않을 수 없다. 이들은 평생 자아의 행복 증진에 몰두한다. 이들이 생각하는 자아의 행복은 욕구 충족이다. 그들이 말하는 자아의 요구는 모든 개인의 생존 조건이며, 그래서 그들은 그것을 얻기 위해 이성을 사용한다. 이성은 이성을 통해 인식된 욕구에만 집중하기 때문에 욕구는 끝없이 확장된다. 이렇게 확장된 욕구를 충족시키느라 참된 삶의 요구는 시야에서 사라진다.

사회학이란 학문은 인간 욕구에 관한 학설을 바탕으로 연구하고 있으나 사회학에 불리한 사례, 즉 자살하는 사람이나 자신을 굶겨죽이는 사람처럼 아무 욕구도 없는 사람이나 말 그대로 무한한 욕구를 지닌 사람의 사례는 연구에 반영하지 않는다.

동물적 자아를 지닌 인간의 생존 욕구는 존재의 측면만큼 무수하고 구체의 반경만큼 무한하다. 먹기, 마시기, 숨쉬기, 모든 근육과 신경의 운동, 노동, 휴식, 만족, 가정생활, 학문, 예술, 종교 등 수없이 다양한 인간의 생존과 관련된 욕구가 존재한다. 아기, 청소년, 남편, 노인, 아가씨, 여인, 할머니 등의 생존 욕구도 있으며, 중국인, 파리 사람, 러시아인, 라플란

드인의 생존 욕구도 있다. 종족의 관습적 욕구도 있으며, 질병에 상응하는 욕구도 존재한다.

세상이 끝날 때까지 세어도 모든 개인의 생존 욕구를 전부 셀 수 없다. 모든 생존 조건이 욕구가 될 수 있을 텐데, 생존 조건은 무수히 많다.

욕구라 불리려면 의식돼야 한다. 그러나 의식된 조건은 그것이 의식되는 순간 자신의 진정한 의미를 상실한다. 이성이 거기에만 집중되어 과장된 의미를 갖게 되어 참된 삶을 가려 버린다.

욕구라는 인간의 동물적 생존 조건과 그것으로 구성된 육체는 마음대로 부풀릴 수 있는 수많은 작은 풍선과 비교할 수 있다. 부풀려지기 전까지 작은 풍선들은 모두 일정한 크기로 각자의 자리에 있으며 따라서 서로 부딪치지 않는다. 욕구를 의식하기 전까지 모든 욕구도 서로 동등하여 각자의 자리에 있으므로 욕구로 인한 고통이 없다. 그러나 풍선 하나를 크게 불기 시작하면 하나의 풍선이 다른 풍선들보다 더 많은 자리를 차지하게 되고 다른 풍선들을 압박하면서 공간이 부족한 상태에 이른다. 욕구도 이와 같다. 하나의 욕구에 이성적 의식을 집중시키면 이렇게 의식된 욕구가 평생을 차지하게 되며 인간 존재 자체를 고통스럽게 만들 것이다.

XXI

자아를 포기하지 말고 자아가 이성적 의식을 따르게 하라

인간이 자신의 이성적 의식의 욕구가 아닌 자아의 욕구만을 느끼는 것은 우리가 동물적 욕정을 확장시키는 데에 이성 전체를 집중했기 때문이다. 그래서 동물적 욕정이 우리를 지배하고 우리가 참된 인생을 볼 수 없도록 해 버렸다. 무성하게 자란 쓸모없는 잡초가 참된 인생의 싹을 짓밟아 버린 꼴이다.

오늘날 이런 현상이 벌어지고 있는 것은 이상할 것이 없다. 정신적 지도자라 추앙받는 이들이, 개개인의 최고도의 완성은 자아의 세련된 욕구를 다방면으로 발전시키는 것이고, 대중의 행복은 그들의 수많은 욕구를 만족시키는 것이며, 인간의 행복은 욕구 충족에 있다고 아무 거리낌 없이 인정해 왔고 지금도 인정하고 있기 때문이다.

이런 교육을 받은 이들이, 어떻게 자신들이 이성적 의식의 요구를 느끼지 못하고 오로지 자아의 욕구만을 느낀다는 사실을 모를 수 있겠는가? 이성이 온통 욕정에 집중하는데 어떻게 그들이 이성의 요구를 느낄 수 있을 것이며, 욕정이 삶 전체를 지배하고 있는데 어떻게 그들이 욕정의 요구를 포기할 수 있겠는가?

"자아를 포기하는 것은 불가능한 일이다."

상기의 사람들은 보통 이렇게 말한다. 자아는 이성을 따라야 한다는 개념을 가져와서 자아를 포기해야 한다는 개념으로 바꾸어 질문을 일부러 왜곡하는 것이다.

"그것은 자연스럽지 않다. 따라서 불가능한 것이다."

그렇다. 누구도 자아를 포기하라고 말하지 않는다. 이성적 인간에게 자아란 동물적 개체의 호흡이나 혈액순환과 같다. 어떻게 동물적 개체가 혈액순환을 포기할 수 있겠는가? 그런 말을 해서는 안 된다. 마찬가지로 이성적 인간에게 자아를 포기하라고 말해서도 안 되는 것이다. 이성적 인간에게 자아란 동물적 개체의 생존 조건인 혈액순환처럼 꼭 필요한 삶의 조건이다.

동물적 자아로서의 자아는 어떤 요구를 할 수도 없으며 하지도 않는다. 그러한 요구는 잘못된 곳에 집중하는 이성이 하는 것이다. 즉, 삶의 지침이자 빛이 되지 않고 동물적 자아의 욕정을 확장시키는 데에 집중된 이성이 그러한 요구를 하는 것이다.

동물적 자아의 욕구는 언제나 충족 가능하다. 인간이 무엇을 먹고 무엇을 입을 것인가는 말할 필요도 없지 않은가? 인간이 이성적 삶을 영위한다면, 마치 새가 그렇고 꽃의 욕구가 그런 것처럼 이 모든 욕구는 충족될 것이다. 정상적인 생각을 가진 인간이라면 어떻게 자아를 충족시킴으로써 생존의 비참함을 완화시킬 것이라고 믿겠는가?

인간의 생존이 비참해지는 것은 그가 자아이기 때문이 아니라, 자아의 생존을 곧 삶이자 행복이라고 인정했기 때문이다. 자아의 생존만이 삶이며 행복이라고 인정할 때 바로 모순이 발생하고 분열이 일어나며 고통이 시작된다. 인간의 고통은 이성의 힘을 자아의 무한한 욕구 확대와 강화에 집중할 때 시작되고, 결국은 이성의 요구를 볼 수 없게 만든다.

인간의 모든 생존 조건처럼, 자아를 포기해서도 안 되고 그럴 필요도 없다. 그러나 이런 생존 조건을 삶 자체라고 인정할 수 없으며 인정해서도 안 된다. 주어진 삶의 조건은 이용해야 하니 이런 조건을 삶의 목적이라고 생각해서는 안 된다. 자아를 포기하는 것이 아니라 자아의 행복을 포기해야 하고, 더 이상 자아의 행복을 삶으로 인정해서는 안 된다. 이를 통해 인간은 마땅히 단일성을 회복하고 삶이 추구하는 행복을 얻을 수 있도록 노력해야 한다.

먼 옛날부터 인류의 위대한 선각자들은 자아의 행복을 인간의 삶으로 인정할 때 삶이 파괴되며, 자아의 행복에서 벗어나는 것만이 삶을 얻는 유일한 길이라고 가르쳐 왔다.

"그렇다, 그래서 이것이 무엇인가? 이것이 불교인가?"

현대인은 보통 이렇게 반박한다.

"이것이 열반이다. 이것이 주상고행이다!"

현대인은 이렇게 말하면서 자아 중심적인 삶이 비참하고 무의미하다는 숨길 수 없는 명백한 사실을 성공적으로 반박했다고 생각한다.

"그것이 불교이고 열반이다."

그들은 이렇게 말한다. 이런 말을 하면서 이들은 수십억 명의 사람들이 인정했고 현재도 인정하고 있는 사실, 그리고 우리 모두가 마음 속 깊이 아주 잘 아는 사실을 반박했다고 여긴다. 자아만을 목적으로 하는 삶은 파괴적이고 무의미하다는 사실과 그 파괴적이며 무의미한 삶에서 벗어날 길이 있다면 그것은 오로지 자아의 행복을 포기하는 데에 있다는 것을 반박했다고 생각한다.

인류의 대다수가 지금도 그렇게 인생을 이해하고 있다. 위대한 선각자들도 인생을 그렇게 이해했으며, 그것은 어떻게도 반박할 수 없다. 그럼에도 그들은 사실을 부정한다. 인생의 모든 문제가 제대로 해결되지 않더라도, 전화, 오페레타, 세균학, 전등, 폭약 등으로 대부분의 문제를 없앨 수 있다고 이들은 확신한다. 동물적 자아의 삶의 행복을 포기해야 한다는 생각은 먼 과거로부터 내려오는 무지의 소산일 뿐이라고 여겨진다.

그러는 사이에 이 불행한 사람들은, 자아의 행복에서 벗어나 열반의 경지에 도달하려고 한쪽 다리로 몇 년을 서 있는 가장 조야한 인도인이, 철도로 전 세계를 여행하고 전등불에 자신을 비추며 전보와 전화를 이용해 자신의 상태를 전 세계에 보여주는 유럽 사회의 짐승과도 같은 자신들보다 생명력 있는 사람이라는 것을 상상도 못한다. 이 인도인은 동물적 자아의 삶과 이성적 삶 속에 모순이 존재한다는 것을 깨닫고 이를 나름대로 해결하려 노력한다. 교육받은 현대인은 이 모순이 무엇인지도 모를 뿐 아니라, 모순의 존재를 믿지도 않는다. 동물적 자아의 생존이 인생의 전부가 아니라는 진리는 온 인류가 수천 년간의 정신적 노력으로 얻은 것이다. 이런 깨달음은 동물이 아닌 윤리가 있는 세계의 인간에게는 지구의 자전이나 인력의 법칙보다 더 확고하고 명백한 진리이다. 배운 사람이나 못 배운 사람이나 남녀노소를 불문하고 생각할 줄 아는 사람이라면 누구나 이 사실을 안다. 아프리카와 호주에 사는 야만인이나 유럽 여러 도시의 안락한 삶에 빠져 야만인이 된 사람들만이 이런 사실을 모른다. 이 진리는 인류의 자산이 되었다. 인류가 기계공학, 대수학, 천문학 등 2차 학문 분야에서 퇴보하지 않는 것처럼 삶을 정의하는 기본적이며 중요한 지식에서는 더욱이 퇴보할 수 없을 것이다. 수 세기에 걸쳐 삶을 통해 얻어 낸 개인적 삶의 공허, 무의미, 비참함에 관한 깨달음을 사람의 의식에서 잊거나 지워버리는 것은 불가능하다. 현대 유럽의 학문이 자아의 생존이라는 삶의 정의를 부활시키려 노력하고 있으나, 이런 시도는 인류의 이성적 의식이 얼마나 성장했는지 오히려 명확하게 보여준다. 어린 아이의 옷은 아이가 얼마나 성장했는지 확실히 보여준다. 자멸에 관한 철학적 이론과 무섭게 증가하고 있는 자살 현상은 인류가 이전의 의식 단계로 돌아갈 수 없음을 보여준다.

  자아의 생존으로서의 삶은 인류에 의해 생을 마감했으며, 그래서 인류는 그 시절로 돌아갈 수 없다. 따라서 자아의 생존이 무의미하다는 것을 잊는 것은 불가능하다. 무슨 글을 쓰고, 무슨 말을 하며, 무슨 발견을 하더라도, 아무리 개인적 삶이 나아진다 하더라도, 자아의 행복의 가능성을 논박해야 함은 현대의 모든 이성적 인간에게 확고한 진리가 되었다.

"그래도 지구는 돈다."

갈릴레오와 코페르니쿠스의 정의를 반박하려는 것이 아니다. 프톨레마이오스의 원의 궤도를 새로이 발견하겠다는 것도 아니다. 이미 새로운 발견은 불가능하다. 인류 보편 의식으로 이미 자리 잡은 정의에서 그 다음 결론을 도출해야 한다. 동물적 자아의 행복이 불가능하다는 것에 관한 명제는 바라문교도, 부처, 노자, 솔로몬, 스토아학파 철학자들, 모든 진정한 철학자들이 설명해 왔다. 이것을 숨기려 하거나 온갖 수단을 이용해 피하지 말고 당당하고 명료하게 이 진리를 인정하고 그 진리에서 그 다음 결론을 도출해야 한다.

XXII

사랑의 감정은 이성적 의식을 따르는 자아의 활동이다.

 이성적 존재가 동물적 자아의 목적을 위해 사는 것은 불가능하다. 이성적 존재가 사는 길은 예정되어 있기 때문이다. 인간의 동물적 자아가 추구하는 모든 목적이 달성될 수 없는 것은 확실하다. 이성적 의식은 달성 가능하고 완전한 만족감을 선사할 다른 목적을 제시한다. 하지만 처음부터 그릇된 가르침을 받은 인간은 이런 목적이 자신의 자아와 모순된다고 생각한다.

 현대교육을 받아 과도한 동물적 욕망에 사로잡힌 인간은 아무리 이성적 의식 속에서 '나'를 인정하려고 해도, 동물적 자아가 느끼는 삶의 열망을 이성적 의식에서 느낄 수 없다. '이성적 나'는 삶을 관조할 뿐, 스스로의 삶을 살지 않으며 삶의 욕망에 매료되지 않는다. '이성적 나'는 고통을 받게 될 것이 분명한 동물적 삶을 추구하지 않는다. '이성적 나'에게 남은 것은 오로지 삶에서 벗어나는 길뿐이다.

이 문제를 현대의 부정적인 철학자들(쇼펜하우어나 하르트만)은 매우 불성실하게 해결하고 있다. 그들은 삶을 부정하면서도 삶을 포기하지 않으며 여전히 삶 속에 머문다. 반면 악 이외에는 아무런 의미가 없는 삶에서 벗어나기 위해 자살을 하는 사람들은 이 문제를 성실하게 해결하는 것이다. 이들은 자살이 현대의 비합리적 삶에서 벗어나는 유일한 출구라고 생각한다. 염세주의 철학자들과 자살을 하는 일반 사람들의 생각은 다음과 같다. '나는 삶의 열망을 지닌 동물적 존재이다. 나의 열망은 충족될 수 없다. 하지만 '이성적 나'는 삶에 전혀 매혹되지 않아 동물적 기쁨과 열정이 모두 거짓된 것이라고 비판하면서 모든 것을 완전히 부정한다.'

동물적 자아에 자신을 맡긴다면, 어리석게 살고 비참해질 것이며 점점 더 큰 불행의 구렁텅이로 빠져들 것임을 나는 안다. 반면에 이성적 자아에 자신을 맡긴다면, 삶을 향한 모든 열망이 나의 내면에서 사라질 것이다. 바로 자아의 행복을 위해 살고 싶다는 욕망은 어리석고 불가능한 일이라는 것을 알게 되는 것이나. 이성석 의식을 위해서 살 수는 있겠지만, 왜 그래야 하는지 모르겠고 그러고 싶지도 않다. 내 삶의 근원인신을 섬기기 위해 살아야 하나? 왜 그래야 하는가? 신이 존재하더라도 신을 섬길 사람은 나 말고도 충분히 있다. 왜 내가 해야 하는가? 싫증이 날 때까지 인생이란 게임을 맘껏 즐겨도 될 것이다. 싫증나면 자살하고 떠나면 된다. 나는 그렇게 할 수도 있다.

이것이 솔로몬과 부처 이전 인류의 모순된 인생관이었는데, 현대의 그릇된 지도자들이 인류를 그 시절로 퇴보시키려 한다.

동물적 자아의 욕망이 어리석음의 극단까지 치달았다. 깨어난 이성은 이것을 부정한다. 그러나 자아의 욕망이 터무니없이 커지고 인간의 의식을 잠식해 버렸기 때문에 이성이 인생 전체를 부정해 버린다고 느낀다. 따라서 이성이 부정하는 인생을 버리면 아무것도 남지 않는다고 생각한다. 그는 이미 남은 것을 보지 못한다. 남겨진 것, 그 안에 삶이 존재하지만 그는 아무것도 없다고 생각한다.

빛은 암흑 속에서도 빛나며, 어둠이 빛을 가릴 수 없는 법이다. 어리석게 살 것인가, 동물적 삶을 부정하고 현명하게 살 것인가에 대한 고민은 진리의 가르침에 의해 해결된다.

진리의 가르침은 행복의 가르침으로 일컬어진다. 진리의 가르침은 동물적 자아가 찾는 거짓된 행복 대신, 그리고 언젠가 어디선가 얻을 수 있을 것 같은 행복 대신, 항상 지금 당장 이곳에서 얻을 수 있으며 결코 사라지지 않을 진정한 행복을 제시한다.

이런 행복은 이론 상의 행복이 아니며 어디선가 찾아내야 할 행복도, 언젠가 어디선가 얻기로 약속된 행복도 아니다. 순수한 영혼을 지닌 사람이라면 매료될 행복이며, 누구에게나 가장 친숙한 행복이다.

모든 사람은 아주 어린 시절부터 동물적 자아의 행복보다 높은 차원의 행복이 있다는 것을 안다. 그 큰 행복은 동물적 자아의 욕구 충족에 좌우되지 않고 오히려 동물적 자아의 행복에서 벗어날수록 더 커진다.

인생의 모든 모순을 해결하고 인간에게 큰 행복을 선사하는 그 감정은 누구나 알고 있다. 이 감정이 바로 사랑이다.

삶이란 이성의 법칙을 따르는 동물적 자아의 활동이다. 이성은 자신의 행복을 위하여 인간의 동물적 자아가 따라야만 하는 법칙인 것이다. 사랑은 바로 인간의 유일한 이성적 활동이다.

동물적 자아는 행복에 이끌린다. 이성은 동물적 자아의 행복이 그릇됨을 일깨워주며 한 가지 길을 남겨 두었다. 이 유일한 활동이 바로 사랑이다.

인간의 동물적 자아는 행복을 욕망하지만, 이성적 의식은 생존 경쟁을 하는 모든 존재들이 얼마나 비참한지를 보여주며 동물적 자아를 위한 행복은 불가능하다고 말한다. 또한 이성적 의식은 생존 경쟁이 없을 때 끝없이 충만한 행복을 느끼며 죽음의 공포로부터 벗어날 수 있다는 것을 일깨워 준다.

인간은 이러한 자물쇠에 딱 맞는 열쇠와도 같은, 자신에게 행복을 가져다 줄 유일한 감정인 사랑을 자신의 영혼 속에서 찾고 있으며, 이성은 인간에게 이것만이 유일하게 가능하다고 설파한다. 그리고 이 감정은 이전의 삶의 모순을 해결할 뿐 아니라, 마치 그 모순 속에서 그 발현 가능성을 찾는다.

동물적 자아는 이기적 목적을 위하여 타인의 자아를 이용하려 한다. 그러나 사랑의 감정은 타인을 위해 자신을 바치도록 인도한다.

동물적 자아는 고통스러워한다. 이 고통도, 고통의 완화도 모두 사랑이라는 활동의 주요 목적이다. 동물적 자아는 행복을 추구하면서, 호흡을 할 때마다 자아의 모든 행복이 파괴되는 듯한 환영, 죽음, 그리고 최대의 불행을 향해 나갈 뿐이다. 사랑의 감정은 이 모든 공포를 사라지게 할 뿐 아니라, 타인의 행복을 위하여 자신의 육체까지도 남김없이 희생하도록 인도한다.

XXIII

삶의 의미를 모르는 사람에게 사랑의 감정은 불가능하다.

 모든 사람은 안다. 사랑이 삶의 모든 모순을 극복하고 완전한 행복을 이룬다는 것, 그리고 그것이 아주 특별할 것임을 안다. 삶의 의미를 파악하지 못한 사람은 이렇게 말하곤 한다.
 "하지만 이 사랑이란 감정은 가끔씩 나타나는 데다, 오래 지속되지 않으며, 사랑을 한 이후에 더욱 큰 고통이 뒤따르곤 한다."
 이런 사람은 이성적 의식을 지닌 사람과 달리 사랑만이 삶의 당연하고 유일한 발현이라는 것을 모른다. 그런 사람은 사랑이란 그저 삶 속에 존재하는 다양한 수천 가지 우연한 현상 중의 하나일 뿐이라고 본다. 사람이 멋을 낸다는가 학문이나 예술에 심취하거나 공무, 명예, 쇼핑에 빠져들거나 누군가를 좋아할 때 느끼는 수천 가지 다양한 감정 중의 하나라고 생각한다. 삶의 의미를 제대로 이해하지 못한 사람이 생각하는 사랑이라는 감정은 인생의 본질이 아니라 인생 과정에서 겪는 우연한 감정이며, 자신의 의지와는 상관이 없다. 게다가 사랑이 올바른 삶의 흐름을 방해하는 괴로운 감정이라는 이야기를 읽거나 보게 되는 경우도 종종 있다. 이것은 마치 동틀 무렵 올빼미가 느끼는 감정과 비슷하다. 그들도 사랑은 다른 감정 상태와 달리 뭔가 더 특별하고 중요하다고 느끼긴 한다. 그러나 삶을 제대로 이해하지 못한 까닭에 그들은 사랑을 이해할 수 없고 사랑이 다른 감정처럼 비참하고 속기 쉬운 것으로만 생각한다.

"사랑한다? …… 그러나 누굴 사랑한단 말인가?
순간의 사랑은 노력할 가치가 없다네.
하지만 영원한 사랑이란 불가능하다네……."

이 시구에는 삶을 이해하지 못하는 이들의 사랑에 관한 혼란스런 의식이 잘 드러난다. 여기에는 사랑 속에 자신을 불행에서 구원해 줄 무언가, 진정한 행복과 같은 유일한 무언가가 들어있다는 생각과 동시에 삶을 이해하지 못하는 사람에게 사랑은 구원의 닻이 될 수 없다는 생각이 뒤섞여 있다. 사랑할 사람도 없고, 모든 사랑은 헛되이 사라진다는 것이다. 사랑할 사람이 있어야 하고 또 그 사람을 영원히 사랑할 수 있을 때 비로소 사랑은 행복이 되는데, 실제는 그렇지 못하므로 사랑 속에는 구원이 없으며 사랑은 다른 모든 감정처럼 기만적인 고통이라는 것이다.

삶이 동물적 생존과 다를 바 없다고 배우고 가르치고 있는 사람들은 사랑을 이런 방식으로 이해할 수밖에 없다.

이 사람들이 생각하는 사랑은 대부분의 사람들이 선험적으로 알고 있는 사랑과 다르다. 이 사람들에게 사랑은 사랑하는 사람과 사랑받는 사람 모두에게 행복을 선사하는 선한 활동이 아니다. 동물적 자아 속에서 삶을 찾는 사람은, 한 어머니가 자기 아기를 위해 다른 어머니의 젖을 빼앗아 자기 아기에게 수유하면서 느끼는 불안한 고통을 사랑이라고 본다. 한 아버지가 굶주린 사람들의 마지막 빵 한 조각을 빼앗아 자기 아이들에게 주면서 느끼는 괴로움을 사랑이라고 생각한다. 이것은 한 여인을 사랑하는 남자가 사랑으로 고통스러워하며 그 여인을 괴롭히고 질투에 눈이 멀어 자신과 그 여인을 파멸시키는 그 감성, 사랑에 빠져 여인을 상간하는 남자의 감성, 자기 팀을 지키려고 다른 팀에 해를 끼치는 팀원들의 감정, 자기 취미에 몰두하여 자신과 주변을 괴롭히고 불행하게 만드는 감정, 사랑하는 조국이 받은 모욕을 갚기 위해 전쟁터를 아군과 적군의 부상자로 가득 채우게 하는 감정 등과 같은 것이다.

뿐만 아니다. 동물적 자아의 행복을 자신의 삶이라고 인정하는 사람에게 사랑을 실천하는 일은 고통스러울 뿐 아니라, 거의 불가능할 정도로 어려운 일이다.

"사랑에 관해선 이렇다 저렇다 말할 필요가 없다. 살아가며 경험하게 되는 감정, 사람들에 대한 호감과 열정이라는 솔직한 감정에 그대로 따르면 되는 것이고 그것이야말로 진정한 사랑이다." 삶을 이해하지 못하는 사람들은 보통 이렇게 말한다.

그들의 말이 맞다. 사랑에 관해서 이렇다 저렇다 말할 필요가 없다. 사랑에 관한 온갖 판단은 사랑을 파괴할 뿐이다. 삶을 이해하기 위해 자신의 이성에 집중하며 개인의 행복에서 벗어난 사람만이 사랑에 관한 온갖 판단을 하지 않을 수 있다. 아직 삶을 이해하지 못하고 동물적 자아의 행복을 위해 살고 있는 사람은 사랑 타령을 하지 않을 수 없다. 그들은 그들이 사랑이라 부르는 감정을 따르기 위해서 사랑에 관하여 논의를 해야 하는 것이다. 그들은 사랑 타령을 통해 해결되지 못한 문제를 해결하지 않고서는 사랑을 드러낼 수 없기 때문이다.

 실제로 인간은 타인의 자식들, 타인의 아내, 타인의 친구들, 타인의 나라보다 자신의 자식들, 자신의 친구들, 자신의 아내, 자신의 조국을 더 좋아한다. 그리고 이 감정을 사랑이라고 말한다.

 사랑한다는 것은 보통 선한 일을 하려는 마음이다. 사랑을 달리 이해할 수는 없다. 내 아이, 내 아내, 내 조국을 사랑한다는 것은 바로 내 아이, 내 아내, 내 조국이 타인의 아이, 타인의 아내, 다른 나라보다 더 행복하길 바라는 것이다. 그러나 나의 아이만을 사랑하거나 나의 아내만을 사랑하거나 내 조국만을 사랑하는 사람은 나 혼자만이 아니다. 모든 사람이 자신의 아이, 아내, 조국을 그렇게 사랑한다. 사랑하는 사람을 위해 바라는 행복의 조건은 서로 긴밀하게 연결되어 있어서, 한 사람을 위한 사랑의 행위는 타인을 위한 행위를 방해할 뿐 아니라, 타인에게 해가 될 수도 있다.

 여기에서 의문이 든다. 어떤 사랑을 위하여, 어떻게 사랑해야 하나? 어떤 사랑을 위해 어떤 사랑을 희생해야 하나? 누구를 더 사랑하고 누구에게 더 많은 선행을 베풀어야 하나? 아내일까, 아이일까, 혹은 가족인가, 친구들인가? 처자식과 친구들에 대한 사랑을 지키면서, 어떻게 사랑하는 조국에 충성할 수 있을까? 그리고 마지막으로, 타인을 위한 봉사를 위해 나 자신을 얼마나 희생해야 하는 것일까? 타인을 사랑하고 봉사하면서 나 자신을 얼마나 돌봐야 하는 것일까? 사랑이라 부르는 이 감정에 관해 깊게 고민해 보지 않은 사람에게는 단순해 보이겠지만, 이 문제는 단순하지 않을 뿐 아니라 아주 어려운 문제이다.

율법학자가 예수에게 "누가 이웃인가?"라고 물은 데에는 이와 같이 나름의 이유가 있었다. 인생의 진정한 조건을 잊은 사람에게는 이 질문에 답하는 것이 아주 쉽게 느껴질 것이다.

우리가 상상하듯이, 만약 인간이 신이라면 그는 오로지 선택된 인간만을 사랑할 수 있을 것이다. 특정한 인간을 향한 차별적 사랑도 진실한 사랑이 될 수 있을 것이다. 그러나 인간은 신이 아니며, 살아 있는 존재들은 직접적이든 간접적이든 서로를 물어뜯으며 상대에게 해를 끼치며 살아가는 생존 조건에 놓여 있다. 이성적 존재로서 인간은 이런 상황을 알고 볼 수 있어야 한다. 인간의 모든 물질적 행복은 타인에게 해를 끼쳐야만 얻을 수 있다는 것을 알아야 한다. 모두가 행복한 황금빛 미래가 도래할 것이라는 미신적 종교나 미신적 학문의 주장이 있다 해도, 이성적 인간은 인간의 시공간적 존재의 법칙이 전체와 개인의 투쟁, 개인과 전체의 투쟁이라는 것을 알고 있다. 삶을 이해하지 못하는 이들이 상상하듯이, 동물적 이익을 위한 투쟁과 엇갈림으로 구성된 이 세상의 삶 속에서 선택된 사람만을 사랑하는 것은 불가능하다. 선택된 몇 사람을 사랑한다 하더라도, 인간이라면 한 사람만을 사랑할 수는 없다. 사람이라면 누구나 어머니, 아내, 자식, 친구들, 조국을 사랑하고 때로는 전 인류를 사랑하기도 한다. 그리고 그 사랑은 말뿐 아니라(모든 사람이 동의하듯이), 타인의 행복을 위한 행동이다. 이런 사랑의 행동은 처음에는 강렬하다가 나중에는 좀 약해지며 특별히 정해진 순서 없이 이루어진다. 사랑은 순서 없이, 그리고 끊임없이 요구된다. 자신의 아이에게 주려고 아껴둔 음식을 굶주린 노인이 요구한다면, 사랑하는 아이에게 음식을 주고 싶은 마음과 굶주린 노인의 요구를 들어줘야 한다는 마음 중에 어떤 것을 따라야 할 것인가?

"누가 이웃인가?"라고 율법학자가 예수에게 물었다. 실제로, 누구에게 얼마나 봉사할 것인가? 사람들인가, 아니면 조국인가? 조국인가, 아니면 자신의 친구들인가? 자신의 친구들에게 봉사할 것인가, 아니면 자신의 아내에게 봉사할 것인가? 자신의 아내에게 봉사할 것인가, 아니면 아버지에게 봉사할 것인가? 아버지에게 봉사할 것인가? 아니면 아이들에게 봉사할 것인가? 아이들에게 봉사할 것인가, 아니면 자신을 돌볼 것인가?(필요할 때 타인들을 위해 봉사하기 위해서)

이 모든 사랑의 요구는 서로 교차하기 때문에 한 편의 요구를 충족시키면 다른 편의 요구를 충족시킬 수 없게 된다. 만일 내 아이들이 나중에 입을 것이라는 이유로, 얼어 죽어가는 다른 아이에게 필요한 옷을 주지 않고 방치한다면, 나는 미래의 내 아이들을 위한다는 명목으로 사랑의 다른 요구들도 외면하게 될 것이다.

조국애, 특별한 취미, 사람을 사랑하는 태도도 이와 같다. 미래에 있을 최대의 사랑을 위해 현재 할 수 있는 최소의 사랑을 거부한다면, 미래의 사랑을 위해 현재의 사랑에 대한 요구를 어느 정도까지 거부할지 도무지 판단할 수 없다. 판단할 수 없으니, 자신을 행복하게 할 사랑을 선택할 텐데, 이것은 사랑이 아니다. 미래의 사랑을 위하여 현재의 작은 사랑을 거부하는 것이 더 좋다고 판단한다면, 이것은 자신이나 상대방을 속이는 것이고, 자신 이외에 아무도 사랑하지 않는 것이다.

미래의 사랑이란 존재하지 않는다. 사랑은 오직 현재의 행동이다. 지금 사랑을 표현하지 않는 자는 사랑이 없는 사람이다.

참된 삶을 누리지 못하는 사람도 이와 비슷하다. 인간이 짐승이며 이성이 없다면, 짐승처럼 생존하는 것이라면, 인생에 대한 깊은 생각도 하지 않는다면, 동물적 생존도 정당하고 행복할 수 있다. 사랑도 그랬을 것이다. 인간이 이성이 없는 짐승이라도 어떤 대상을 사랑했을 것이다. 늑대들처럼, 제 새끼와 제 무리를 사랑했을 것이며, 자신이 제 새끼와 제 무리를 사랑한다는 사실을 모를 것이고, 다른 늑대들도 제 새끼와 무리를 사랑한다는 사실도 몰랐을 것이다. 그들의 사랑과 삶은 현재 그들 의식 수준에 맞게 존재할 뿐이다.

그러나 이성적 존재로서의 인간은 타인도 자기 가족들을 사랑한다는 것, 그리고 이 사랑의 감정은 충돌을 일으킴으로써 불행을 초래하고, 나아가 진정한 사랑과는 완전히 모순된 상황에 놓이게 된다는 것을 알고 있다.

사람들이 사랑이라 부르는 이 해로운 동물적 감정을 과장하며 정당화하고 강화하는 데 이성을 사용한다면, 이 동물적 감정은 선하지 않을 뿐 아니라, 오래전부터 잘 알려진 진리가 보여주듯이, 인간을 가장 사악하고 끔찍한 동물로 만들 것이다.

"네 안의 빛이 사리지면 그 어둠이 얼마나 크겠느냐?"라는 복음서의 말씀이 실현되고 있다. 인간이 자신과 제 자식을 제외하고 아무도 사랑하지 않았다면 인간 사이에 존재하는 현재의 약 99%가 사라졌을 것이다. 동물적 삶이 인간의 삶과 비슷한 것처럼 인간 사이에 존재하는 99%의 악은 사랑과 비슷해 보이기 때문에, 사람들은 그것을 찬양하며 사랑이라 부른다. 하지만 그것은 거짓된 감정이다.

삶을 이해하지 못하는 사람이 말하는 사랑은 자아의 행복을 위해 필요한 조건을 다른 무엇보다 우선시하는 감정에 지나지 않는다. 삶을 이해하지 못하는 사람이 아내와 아이를 사랑한다거나 친구를 사랑한다고 할 때, 아내·아이·친구는 개인적 삶의 행복을 확장하는 조건에 지나지 않는다. 아내·아이·친구를 좋아하는 이런 감정과 사랑의 관계는 동물적 생존과 참된 인생의 관계와 같다. 삶을 이해하지 못하는 사람들이 개인적 생존을 인생이라 부르듯, 그들은 개인적 생존의 특정 조건을 더 좋아하는 것을 사랑이라고 부르는 것이다.

우리는 자식을 좋아하듯이 특정 대상을 더 좋아하는 감정, 과학과 예술 등 특정 분야를 더 선호하는 감정을 사랑이라고 부른다. 하지만 무궁무진한 개개인의 취향은 동물적 감각과 욕망을 더 복잡하게 하고, 사랑의 가장 중요한 특징을 지니지 않기에 사랑이라고 볼 수 없다. 사랑의 가장 중요한 특징은 행동의 목적과 결과가 바로 행복이란 점이다.

특정 대상에 대한 호감을 열정적으로 드러내는 것은 동물적 자아의 에너지를 보여줄 뿐이다. 특정 사람을 다른 사람보다 더 좋아하는 것을 사랑이라고 하는 것은 잘못된 것이다. 이 감정은 진정한 사랑에 접목해야 열매를 맺을 수 있는 야생의 나무와 같을 뿐이다. 그러나 야생의 나무는 사과나무가 아니어서 열매를 맺지 못하고 열매를 맺는다 하여도 달콤한 열매가 아니라 쓰디쓴 열매를 맺을 것이다. 이런 열정은 사랑이 아니다. 인간에게 선을 베푸는 것이 아니라, 인간에게 더 큰 불행을 가져오기 때문이다. 학문·예술과 조국은 물론이고, 여성과 아이들·친구들을 향해 미화된 감정은 동물적 삶의 특정 조건 속에서 다른 대상을 일시적으로 좋아하는 감정일 뿐이다. 이 감정은 인류에게 큰 불행을 가져올 수 있다.

XXIV

자아의 행복을 포기해야 진정한 사랑이 가능하다.

동물적 자아의 행복을 포기할 때 비로소 참된 사랑이 가능해진다.

동물적 자아를 위한 행복은 존재할 수 없다는 것을 깨닫게 될 때 비로소 참된 사랑의 가능성이 열린다. 바로 이때 참된 삶의 수액이 동물적 자아의 대목(臺木)에서 힘을 얻어 참된 사랑의 접순(接筍)으로 흘러 들어간다. 예수의 가르침은 이런 참된 사랑의 접목(接木)이다. 예수가 말하기를, 그와 그의 사랑은 열매를 맺을 수 있는 한 그루의 포도나무이며, 열매를 맺지 못하는 가지는 모두 잘릴 것이라 했다.

예수의 말을 그저 머리로 이해하는 것이 아니라, 삶을 통해 받아들이는 사람만이 참된 사랑을 안다. 자기의 목숨만을 사랑하는 사람은 목숨을 잃는 것이며, 자신의 목숨을 부정하는

사람은 영원한 생명을 얻는다는 것을 알게 되는 것이다.※

"부모를 나보다 더 사랑하는 사람은 부당하다. 자녀를 나보다 더 사랑하는 사람도 부당하다. … 너희를 사랑하는 사람을 사랑한다면 그것은 사랑이 아니다. 너희는 원수를 사랑하여라. 너희를 미워하는 자를 사랑하여라."✽

보통 생각하는 것처럼, 인간이 자아를 포기하는 것은 아버지·아들·아내·친구 등 착하고 좋은 사람을 사랑한 결과가 아니다. 자신의 존재가 공허하고 자아의 행복이 불가능하다는 것을 깨달을 때 동물적 자아의 삶을 부정할 수 있으며, 그 결과 비로소 참된 사랑을 알게 되고, 아버지·아들·아내·아이들과 친구들을 진실로 사랑할 수 있게 된다.

사랑이란 자신보다, 즉 자신의 동물적 자아보다 다른 존재를 더 좋아하는 것이다.

사랑이라는 미명 하에 자아의 멀리 있는 목적을 위해 눈앞의 이익을 버리는 경우가 있는데, 이것은 헌신을 바탕으로 한 것이 아니라, 눈앞의 대상보다 그 대상을 더 좋아한 것에 지나지 않는다. 참된 사랑은 행동으로 드러나기 전에 특별한 내면 상태로 존재해야 한다. 사랑의 시작, 사랑의 기원은 사람들이

※ 마태복음 제10장 39절

✽ 누가복음 6장 27-35절

생각하는 것처럼 감정이 폭발하고 이성이 흐려지는 상태가 아니라 가장 이성적이고 밝은 감정으로서, 아이나 이성적인 사람들처럼 평화롭고 기쁜 상태이다.

이런 상태는 어린아이처럼 만인을 따뜻하게 대하는 마음이다. 어른이라면 자아의 행복을 거부할 때에 이 마음이 생기는데, 자아의 행복을 강하게 거부할수록 이런 상태가 강해진다. 사람들은 "난 괜찮아, 아무것도 필요하지 않아."라는 말을 자주 하지만, 이 말을 하면서 사람들에 대한 악의적인 태도를 보이곤 한다. 타인에 대한 불편한 감정이 있을지라도 단 한 순간 한 번만이라도 진심으로 스스로에게 속삭여 보라. "난 괜찮아, 아무것도 필요하지 않아."라고. 그렇게 잠시라도 자신을 위해 아무것도 바라지 않는다면, 그 순간 가슴 속에서 온갖 악한 감정들이 물결처럼 사라지고 사람들에 대한 따뜻한 마음이 용솟음쳐 흐르는 내적 경험을 하게 될 것이다.

실제로 사랑은 자신보다 다른 존재를 더 좋아하는 것이다. 우리 모두는 이렇게 사랑을 이해하고 있으며, 사랑을 달리 이해할 수도 없다. 사랑의 크기는 타인에 대한 호감을 분자로 하고 자신에 대한 사랑을 분모로 하는 분수의 크기와 같다. 타인에 대한 열정이나 호감은 내 마음대로 할 수가 없지만 자신에 대한 사랑은 동물적 자아에 대해 얼마나 의미를 두느냐에 따라 얼마든지 커질 수도 작아질 수도 있는 것이다. 요즘 사람들은 사랑과 사랑의 크기에 관해 이야기할 때 분모의 크기를 생각하지 않은 채 모두 분자의 크기만을 놓고 말하고 있다.

참된 사랑은 자아의 행복을 항상 근원적으로 거부하는 것이며, 그로부터 만인에 대한 따뜻한 마음을 갖는 것이다. 바로 이런 보편적인 호의 속에서 가까운 사람들과 다른 모두를 향한 참된 사랑이 자랄 수 있다. 바로 그렇게 될 때에 참된 사랑이 삶의 참된 행복을 선사하고 동물적 의식과 이성적 의식의 모순이 해결될 수 있게 된다.

헌신을 바탕으로 하지 않아서 타인에 대한 호의가 없는 사랑은 단지 동물적 삶에 지나지 않으며, 거짓 사랑조차 없는 삶보다도 더 비합리적이고 불행한 삶이 될 것이다. 사랑이라 불리는 편애의 감정은 생존 경쟁을 제거하지도 못하고, 쾌락을 향한 욕망에서 벗어나게 하지도 못하며 죽음에서 구원해 주지도 못할 뿐 아니라, 경쟁을 더욱 가혹하게 부추김으로써 자신과 타인을 위한 쾌락의 욕망을 더욱 강렬하게 하고 자신과 타인의 죽음을 향한 공포를 더욱 증대시켜 삶을 더욱 침울하게 만들 뿐이다.

동물적 자아의 생존을 인생이라고 여기는 사람은 사랑을

할 수가 없다. 사랑이 그의 삶과 직접적으로 모순되는 행동이기 때문이다. 그러한 인생의 행복은 동물적 생존에 있지만 사랑은 동물적 행복의 희생을 먼저 요구하기 때문이다. 인생을 모르는 사람이 진심으로 사랑의 행위에 온몸을 바치길 원한다 해도, 삶을 이해하고 삶에 대한 자신의 태도를 바꾸기 전까지는 그럴 수 없을 것이다. 동물적 자아의 행복에 인생을 거는 사람은 평생 동안 부지런히 부를 쌓아 동물적 행복의 수단을 늘리는 데 전념할 것이고, 타인들에게 그의 동물적 행복을 충족시키도록 강요할 것이며, 개인적 행복을 위해 꼭 필요한 사람들에게만 이런 행복을 나누어 줄 것이다. 자신의 삶이 자신에 의해서가 아니라, 타인들에 의해 유지되었다면 어떻게 그가 그의 삶을 바칠 수 있겠는가? 또한 그가 선호하는 여러 사람들 중 과연 누구에게 재산을 물려주고 또 누구에게 봉사해야 할지 정하는 것은 더 어려운 일이다.

자신의 삶을 바치기 위해서 인간은 자신이 행복하고자 남에게서 취한 것 중 일부를 내놓아야 하고, 그 다음에는 여러 사람 중 누구에게 봉사할 것인지 결정해야 한다. 사랑할 수 있는 상태가 되기 위해서, 즉 자신을 희생하고 선행을 베풀기 위해서는 더 이상 남을 미워해서는 안 된다. 다시 말해 악을 행해서는 안 되고, 자신이 행복하고자 특정한 사람들을 다른 사람보다 더 좋아해서도 안 된다.

　동물적 자아의 행복을 인정하지 않고 거짓된 행복에 신경을 쓰지 않으며 만인을 위해 따뜻한 고유의 심성을 회복한 사람만이 자신과 타인을 언제나 만족시킬 사랑의 행동을 할 수 있다. 이 사람의 행복은 사랑에 있다. 이것은 식물의 행복이 햇빛에 있는 것과 같다. 즉 충분한 햇빛 속에 있는 식물은 어떤 방향으로 자라야 좋은지, 더 멋진 다른 빛을 기다려야 할지 따위를 생각할 필요가 없으며, 그래서 세상의 유일한 빛을 향해 뻗어 나간다. 이와 같이 동물적 자아의 행복에서 벗어난 사람은 타인에게서 **빼앗은** 것을 사랑하는 이들 중 누구에게 주어야 할지, 지금 사랑을 원하는 대상보다 더 나은 사랑의 대상이 있지나 않을지 고민하지 않고, 바로 자신의 앞에 놓인 사랑을 위해 자기 존재 전체를 바친다. 오로지 이런 사랑만이 인간의 이성적 본성을 완전하게 만족시킨다.

XXV

사랑은 참된 삶의 유일하며 완전한 활동이다.

타인을 위하여 자신의 생명을 내놓는 사랑, 그 이상의 사랑은 없다. 자신을 희생하는 사랑이 참된 사랑이다. 인간이 자신의 시간과 노력을 내어주고 사랑하는 대상을 위하여 자신의 육체를 사용하고 자신의 생명을 바칠 때 우리는 그것을 사랑이라고 인정한다. 행복은 오직 이런 사랑 속에서 얻게 되는 선물이다. 사람들 내면에 바로 이런 사랑이 있기 때문에 이 세상이 존재하는 것이다. 아기에게 젖을 먹이는 어머니는 자신의 몸을 아이의 먹이로 내어준다. 아이는 이런 사랑 없이 살 수가 없다. 바로 이것이 사랑이다. 마찬가지로, 모든 노동자는 타인들의 행복을 위하여 온몸을 바쳐 죽도록 일하면서 자신과 자신의 육체를 타인의 먹거리를 위해 바친다. 타인을 위한 희생에 한계가 없는 사람만이 이런 사랑을 할 수 있다. 자신의 아기를 유모에게 맡기는 어머니는 아기를 사랑할 수 없다. 돈을 벌고 축적하는 사람도 사랑을 할 수 없다.

"빛 속에 있다고 말하면서 자기 형제를 미워하는 사람은 아직도 어둠 속에 있는 자이다. 제 형제를 사랑하는 사람은 빛 속에 머물러 거침이 없다. 그러나 제 형제를 미워하는 자는 어둠 속에 있다. 그는 어둠 속에서 살면서 어디로 가는지 모른다. 어둠이 그의 눈을 멀게 하였기 때문이다."※ … 말과 혀가 아니라 행동으로 진리 안에서 사랑하라. 그리하면 우리가 진리에 속해 있음을 알게 되고 또 그분 앞에서 마음을 편히 가질 수 있다."✱ … 사랑이 완성되었다는 것은 우리도 이 세상에서 그분처럼 살고 있어 심판 날에 확신을 가질 수 있다는 사실에서 드러난다. 사랑에는 두려움이 없다. 완전한 사랑은 두려움을 쫓아낸다. 두려움은 벌과 관련되기 때문이니 두려워하는 자는 아직도 자기의 사랑을 완성하지 못한 사람이다."✝

바로 이런 사랑만이 인간에게 참된 생명을 준다.

"네 마음을 다하고 네 목숨을 다하고 네 정신을 다하여 주 너의 하느님을 사랑하여야 한다. 이것이 가장 크고 첫째 가는

※ 요한 2장 9-11절

✱ 요한 3장 18-19절

✝ 요한 4장 17-18절

계명이다."✣

두 번째 계명도 이와 같다.

"네 이웃을 네 자신처럼 사랑해야 한다."고 율법교자가 예수에게 말했을 때, 예수는 이렇게 말하였다.

"옳게 대답하였다. 그렇게 하여라. 하느님과 이웃을 사랑하여라. 그러면 네가 살 것이다."❖

참된 사랑은 바로 생명 그 자체이다.

"우리는 형제들을 사랑하기 때문에 이미 죽음으로부터 생명으로 건너갔다는 것을 압니다."✱라고 예수의 제자는 말하고 있다.

"사랑하지 않는 자는 죽음 안에 그대로 머물러 있습니다."

사랑하는 사람만이 살아 있는 것이다.

예수의 가르침에 따르면 사랑은 생명 그 자체이다. 불합리하고 고통에 가득 차 죽어가는 생명이 아니라, 행복으로 가득한 영원한 생명인 것이다. 우리 모두 안다. 사랑은 이성의 결론도 아니고 어떤 활동의 결과도 아니다. 사랑은 우리를 둘러싸고 있는 기쁨이 충만한 행위이다. 그릇된 가르침으로 우리

✣ 마태 22장 37절

❖ 누가복음 10장 27-28절

✱ 요한 3장 14절

영혼이 더러워지고 사랑의 기쁨을 더 이상 느낄 수 없게 되기 전까지 우리 모두는 어린 시절의 첫 기억에서부터 우리 내면에 있는 생명의 기쁨을 알고 있었다.

사랑은 선택된 사람과 대상을 향한 사랑처럼 개인의 일시적 행복을 확대하려는 집착이 아니라, 동물적 자아에서 벗어난 후 인간 내면에 남는 것으로 타인의 행복을 추구하는 것이다. 살아있는 사람이라면 단 한 번이라도 이 감정을 느껴 보았을 것이며 따라서 이 행복한 감정을 모를 수 없다. 우리 생명을 억압하는 그릇된 가르침에 의해 영혼이 더럽혀지기 전, 아주 어린 시절 자주 경험했을 바로 그 감정이다. 이 복된 사랑의 감정을 느끼게 되면 모두를 사랑하고 싶어진다. 가까운 사람들, 아버지, 어머니, 형제, 악한 사람, 적, 개, 말, 들풀 모두를 사랑하고 싶어진다. 또한 오로지 모두가 잘 되고 모두가 행복하길 바랄 뿐이며, 모두가 잘 되기 위해서 그리고 모두가 행복하고 기쁘게 살기 위해 자신과 자신의 삶을 바치고자 한다. 바로 이것이 유일한 사랑이며, 그 안에 인간의 생명이 존재한다.

유일하게 생명을 품은 이 사랑은, 여러 욕망과 뒤섞인 잡초의 거친 싹들 사이에서 부드러운 새싹처럼 인간의 마음 속에 싹튼다. 처음에는 이 싹이 다른 잡초의 싹들과 똑같다고 느낀다. 하지만 이 싹은 나무로 성장할 것이고 그 나무에 새들이 모여 둥지를 틀 것이다. 애초에 인간은 어디서나 잘 자라는 잡초의 싹을 더 좋아한다. 그래서 유일하게 생명을 품고 있는 싹은 자라지 못하고 죽어버리고 만다. 그보다 더 나쁜 경우도 종종 있다. 어떤 사람은 여러 싹 중에 진정한 생명의 사랑이라 불릴 싹이 있다는 말을 듣고도 생명의 싹을 밟아버리고 잡초의 싹을 사랑이라 부르며 기르기 시작한다. 더욱 심각한 경우는 사람들이 생명의 싹을 거친 손으로 잡아뽑아 이렇게 소리치는 것이다.

"바로 여기 있다! 우리는 사랑을 찾았고 사랑이 무엇인지 알게 되었으니, 이 싹을 키울 것이다. 사랑! 사랑! 고결한 감정이여!"

그러고는 생명의 싹을 다른 곳에 옮겨 심고 모양을 바꾸어 꽃을 피우지 못하고 죽어가게 만든다. 그리고 이렇게 말한다.

"다 어리석고 쓸데없는 일이야, 헛된 감상일 뿐이다."

사랑의 싹이 막 움텄을 때는 작은 손길에도 다칠 수 있을 만큼 연약하다. 성장한 이후에야 단단해진다. 사람들이 싹을 위한다는 모든 행동은 새싹에게 해로울 수 있다. 새싹에게 필요한 것은 이성의 햇빛을 가리지 않는 것뿐이다. 그럼으로써 사랑의 싹을 자랄 수 있게 해주는 것뿐이다.

XXVI

**자기 생존을 개선하고자 헛되이 애쓰는 사람은
유일한 참된 삶의 가능성을 잃는다.**

동물적 생존이 허구이며 속임수라는 것을 깨달았을 때, 그리고 진실하고 유일한 사랑이 자신의 내면에서 자유로이 살아 있을 때, 인간은 행복을 얻는다. 그러나 사람들은 이 행복을 얻기 위해 무엇을 하는가? 사람들은 자신의 존재가 천천히 무너져 어쩔 수 없이 죽음에 가까워지고 있다는 사실을 잘 알고 있음에도 불구하고 죽어가는 자신을 지키고 자신의 동물적 욕망을 채우려고 평생 노력하면서 바삐 살아간다. 그러는 동안 유일한 행복의 가능성인 사랑을 잃어버린다.

인생을 모르는 사람들은 자신의 생존을 위한 투쟁과 쾌락을 추구하고, 고통과 숙명적인 죽음을 피하기 위해 평생 쉼 없이 노력한다.

그러나 쾌락이 커질수록 생존 경쟁은 치열해지고 고통은 심해지며 죽음이 더 가까워진다. 죽음이 다가온다는 사실을 잊을 수 있는 유일한 방법은 더 큰 쾌락을 찾는 것뿐이다. 그러나 쾌락이 더 이상 커질 수 없는 한계에 이르면 쾌락이 고통으로 변하여 더 극심하게 고통을 느끼고, 그 속에는 한 걸음씩 다가오는 죽음의 공포만이 남는다. 쾌락이 고통의 원인이 되고 다시 고통을 키우는 악순환이 계속된다. 인생을 모르는 사람들의 커다란 공포는 바로 쾌락(풍요로운 삶의 모든 쾌락)이다. 쾌락은 만인이 똑같이 나눌 수 없기 때문에 타인의 쾌락을 빼앗아야 한다. 악을 행사하여 강제로 빼앗는 것이다. 이 과정에서 사랑으로 자라날, 모든 인간을 향한 따뜻한 마음이 움트지 못한다. 이렇게 쾌락은 사랑과 정면으로 대립되며 쾌락이 커질수록 대립도 강해진다. 따라서 쾌락을 얻기 위한 활동이 점점 더 강해지고 격해질수록 인간이 유일하게 행복할 가능성인 사랑이 불가능해지는 것이다.

　인생은 이성이 인식하는 것처럼 이해되지 않는다. 이성적으로 인식되는 인생은 보이지는 않지만 매 순간 확실하게 동물적 자아가 이성을 따르게 하는 것이며, 만인을 향한 인간의 선한 본성을 일깨워 사랑을 베푸는 것이다. 하지만 우리가 만인을 향한 선한 본성을 잃어버리는 특정 상황과 시간이 지속되면 인생은 육체적 생존으로만 이해된다.

생존 조건을 만드는 데 이성을 집중하라는 속세의 교육을 받은 이들은 더 나은 외적 생존 조건이 더 큰 행복을 가능하게 한다고 생각한다. 이들에게 있어 외적 생존 조건이 더 좋아지려면 다른 사람들에 대한 억압을 강화하면 된다. 사랑과 정면으로 대립하는 것이다. 이러하니 외적 조건이 좋아질수록 사랑과 참된 삶의 가능성은 점점 줄어든다.

인간은 동물적 생존의 행복이 누구에게나 똑같이 제로(Zero)라는 것을 이해하는 데 이성을 쓰지 않고, 제로를 늘리거나 줄일 수 있는 숫자로 보고 남은 이성을 동원하여 이 제로를 늘리고 확장시키는 데 집중한다.

몇 배로 곱하기를 한다 해도 제로는 제로라는 것을 알지 못하는 것이다. 모든 사람의 동물적 자아의 생존은 한결같이 비참하며 어떠한 외적 조건을 통해서도 행복해질 수 없다는 사실을 알지 못한다. 호수 어느 곳의 물도 호수 전체의 수면보다 높을 수 없는 것이 자명하듯, 그 어떤 사람도 다른 사람보다 더 행복해질 수 없는 데도 사람들은 그것을 인정하려 들지 않는다. 이성이 왜곡된 이들은 이런 사실을 보지 못하기 때문에 호수 수면의 특정 부분을 전체 수면보다 높이려는 시도를 하면서 평생을 보낸다. 이는 물장난을 치는 어린아이들이 물놀

이를 하며 호수 수면에 거품을 만들어내는 것과 같다.

 그들은 인간의 생존이 더 좋거나 덜 좋을 수 있고 더 행복하거나 덜 행복할 수 있다고 생각하며, 가난한 일꾼 혹은 병든 자의 생존은 비참하고 불행하지만 부유하고 건강한 사람의 생존은 행복하고 좋은 것이라고 말한다. 따라서 그들은 삶의 온갖 비참함, 불행, 가난과 질병으로부터 벗어나 훌륭하고 부유하며 건강하고 행복한 삶을 살고자 온 힘을 다해 노력하는 것이다.

 몇 세대를 거쳐 최상의 행복한 삶을 이루고 유지하는 여러 가지 방법들과 동물적 생존이라 불리는 이런 최상의 삶의 프로그램들이 다음 세대로 대물림된다. 그들의 후손은 부모로부터 상속받은 유산을 최대한 잘 유지하고자 노력하고 더욱 행복한 새로운 삶을 일구고자 애쓰며 스스로 무엇인가 한다고 생각한다.

 이런 착각 속에서 서로 격려하며, 무의미하고 어리석은 물장난 속에 삶이 있다고 확신하곤 한다. 이렇게 확신에 차 있으니 진리의 가르침과 생생한 모범적 삶이 주는 이성과 사랑의 목소리에도 불구하고, 무뎌진 자신의 심장에서 이성과 사랑의 목소리가 끝없이 전하는 참된 삶에 대한 호소를 이들은 외면해 버린다.

놀랄 만한 일은, 이성과 사랑의 삶을 살 수 있는 많은 사람들이 자신은 마치 불타는 축사에서 끌려 나오는 양떼와 같은 상태에 놓여 있으며 자신을 구하려는 이들이 자신을 불 속에 밀어 넣으려 한다고 착각하며 필사적으로 반항하고 있다는 것이다.

이들은 죽음의 공포에 사로잡혀 오히려 죽음에서 벗어나지 못하고 고통의 공포에 질린 나머지 스스로를 괴롭히며 유일한 삶과 행복의 가능성을 잃어버리고 만다.

XXVII

**죽음의 공포는 아직 풀지 못한
인생의 모순을 느끼는 것뿐이다.**

"죽음은 없다."

진리의 목소리는 인간에게 이렇게 말한다.

"나는 부활이요 생명이다. 나를 믿는 사람은 죽더라도 살고 또 살아서 나를 믿는 모든 이들은 영원히 죽지 않을 것이다. 너는 이것을 믿느냐?"※

"죽음은 없다."

세계의 위대한 스승들이 이렇게 말하였다. 그리고 삶의 의미를 이해했던 수많은 사람이 그들의 삶을 통해 그렇게 이야기한다. 살아 있는 모든 사람은 의식이 맑아지는 순간 영혼 깊은 곳에서 죽음이 없다는 것을 느낀다. 하지만 인생을 모르

※ 요한복음 11장 25-26절

는 사람은 죽음을 두려워하지 않을 수 없다. 그 사람은 죽음을 보고 또 죽음을 믿는다.

"죽음이 없다니?"

이들은 증오에 차 화난 목소리로 외친다.

"그건 궤변일 뿐이다! 죽음이 바로 우리 코앞에 있지 않은가. 수많은 사람이 죽었고 우리도 죽을 것이다. 죽음이 없다고 아무리 말해도 죽음은 그대로 남아 있다. 바로 여기 죽음이 있다."

그들은 정신병자가 공포의 환영을 보듯이 자신이 말하는 죽음을 본다. 그는 죽음을 만져본 적도 접촉한 적도 없다. 그 환상의 의도도 전혀 모르면서 상상 속의 환영을 두려워하며 고통스러운 나머지 그는 삶의 가능성을 잃어버린다. 죽음도 이와 똑같다. 인간은 자신의 죽음을 알지 못하고, 결코 죽음을 이해할 수도 없으며, 결코 죽음과 접촉할 수도 없고, 죽음의 의도도 파악하지 못할 것이다. 그렇다면 도대체 무엇을 두려워하는 것일까?

"죽음이 아직 나를 덮치지 않았지만 언젠가 죽음은 나를 사로잡을 것이다. 죽음이 나를 덮치고 멸망시킬 것임을 안다. 나는 그것이 두렵다."

삶을 모르는 사람은 이렇게 말한다.

삶을 잘못 이해하는 사람들도 인생관의 근거에 관하여 차분히 따져보고 냉철하게 생각해 보면, 죽음이라 부르는 모든 육체적 존재 속에 끊임없이 일어나는 변화가 불쾌하거나 두려운 것이 결코 아니라는 결론에 이르게 될 것이다.

난 죽을 것이다. 그래서 무엇이 두려운가? 육체 속에 그동안 많은 변화가 있어 왔는데, 과연 내가 그 변화를 두려워했는가? 무엇 때문에 아직 닥치지 않았으며 나의 이성과 경험에 어긋나지 않는 이 변화를 두려워한단 말인가? 이 변화는 내가 이해할 수 있으며 친숙하고 자연스러운 현상이다. 그동안 살아오면서 동물과 인간의 죽음이 필연적인 것이고 기꺼운 삶의 조건이라고 받아들였고 항상 그렇게 생각하고 있다. 무엇을 두려워하는가?

사실 냉철하게 볼 때 논리적 인생관은 두 가지뿐이다. 첫 번째 인생관은 출생과 죽음에 이르는 동안 자신의 육체에서 일어나는 눈에 보이는 것을 인생이라고 여긴다. 두 번째 인생관은 눈으로 볼 수 없는 내면의 의식으로 인생을 이해한다. 전자는 그릇된 인생관이고 후자는 참된 인생관이다. 하지만 둘 다 논리적이기 때문에 인간은 둘 중 하나를 자신의 인생관으로 받아들이게 된다. 어느 인생관을 선택하든 죽음을 두려워할 필요는 없다.

출생과 죽음에 이르는 동안 자신의 육체에서 벌어지는 가시적인 것을 인생으로 이해하는 그릇된 인생관은 이 세상만큼이나 오래전부터 존재해 왔다. 이런 인생관은 많은 이들이 생각하듯이 유물론이나 현대 철학을 기반으로 형성된 것이 아니다. 현대 과학과 철학이 이런 시각을 극단으로 몰고 갔으며, 그 결과 그러한 인생관은 인간 본성의 기본적인 요구와 상응하지 않음이 더 분명해졌다. 이 오래된 인생관은 발전의 단계가 낮은 미개인의 시각으로 유교, 도교, 불교, 유대교, 욥기 그리고 격언에도 나온다.

"흙에서 나와 흙으로 돌아가리라."

이 인생관을 현대적으로 표현하면, 삶은 시공간 속에 드러나는 물질 에너지의 우연한 게임이다. 우리가 의식이라고 부르는 것도 삶이 아닌 착각일 뿐이며, 그 착각에 빠지면 삶이 의식 속에 존재한다고 느낄 뿐이다. 의식은 물질의 잘 알려진 상태에서 비롯된 타오르는 불꽃이다. 불꽃은 불이 붙어 훨훨 타오르고 다시 잦아들다가 완전히 꺼져버린다. 불꽃, 곧 의식은 시간의 시작과 끝 사이 중간 지점에서 한 동안 일어나는 물질의 경험일 뿐 더 이상 아무것도 아니다. 의식은 자신과 이 무한한 세상을 보고 판단하며, 이 세상을 우연의 게임으로 본다. 우연이 아닌 것을 우연의 게임이라고 해도, 의식은 의미도 흔적도 없이 생겼다가 사라지는 죽은 물질이 만들어 낸 환상에 지나지 않는다. 모든 것은 영원히 변화하는 물질의 소산이다. 삶이라 불리는 것도 역시 죽은 물질이 만들어 낸 특정 상태에 불과하다.

이것이 인생을 바라보는 하나의 관점이다. 이 관점의 논리는 완벽하다. 이 관점에서 인간의 이성적 의식은 물질의 특정한 상태에 수반된 우연한 현상일 뿐이다. 따라서 우리가 우리의 의식 속에서 삶이라고 부르는 것은 환상에 지나지 않는다. 오직 죽은 것만이 존재한다. 우리가 삶이라고 부르는 것은 죽음의 장난일 뿐이다. 이 인생관에서는 죽음이 아니라, 오히려 삶이 두려운 것이 된다. 불교도들과 새로운 염세주의자인 쇼펜하우어, 하르트만 등이 주장하듯이 이런 삶은 부자연스러우며 비합리적이다.

또 다른 인생관은 다음과 같다. 삶이란 자기 내면에서 의식하는 바로 그것이다. 나는 항상 나의 과거와 미래(나는 이렇게 내 삶을 생각한다)로 내 삶을 인식하는 것이 아니라 시공간적 시작과 끝이 없는 존재로 내 삶을 인식한다. 내 삶의 의식은 시공간의 개념과 일치하지 않는다. 내 삶은 시공간을 통해 드러나지만 그것은 삶이 드러나는 방법일 뿐이다. 내가 의식하는 삶은 시공간을 초월한다. 이런 인생관에 따르면 모든 것이 정반대로 나타난다. 삶의 의식은 허상이 아니지만 모든 시간과 공간은 허상이다. 이 인생관에서 시공간에 의해 육체의 생존이 끝나는 것은 아무런 실제적 의미를 갖지 않는다. 시공간은 참된 삶을 종식시키거나 파괴할 수 없다. 이 인생관에서 죽음은 존재하지 않는다.

인간이 어느 쪽이든 둘 중 하나의 인생관을 제대로 받아들이고 지킨다면 죽음의 공포는 존재할 수 없다.

동물적 존재이든, 이성적 의식의 존재이든 인간은 죽음을 두려워할 필요가 없다. 동물적 존재는 삶에 대한 의식이 없기 때문에 죽음을 알지 못하고, 이성적 의식의 존재는 삶에 대한 의식을 지녔기에 동물적 죽음에서 자연스럽게 영원히 지속되는 물질의 운동 이외의 것을 알지 못한다. 인간이 죽음을 두려워한다면 그것은 자신이 알지 못하는 죽음이 아니라, 동물적 존재와 이성적 의식이 유일하게 알고 있는 삶을 두려워하는 것이다. 사람들 사이에서 죽음의 공포로 표현되는 이 감정은 삶의 내적 모순에 대한 의식일 뿐이다. 그것은 마치 환상을 두려워하는 정신병자의 의식에 불과하다.

목소리 하나가 이렇게 말한다.

"나는 더 이상 존재하지 않을 것이다. 나는 죽을 것이고 모두가 죽을 것이며, 이것이 내가 생각하는 인생이다."

다른 목소리는 이렇게 말한다.

"나는 존재한다. 나는 죽을 수도 없고 죽어서도 안 된다. 나는 죽을 수 없다. 그런데 나는 죽어 간다."

육체의 죽음을 생각할 때 사람이 두려워 하는 것은 죽음 자체가 아니라, 바로 이 모순이다. 죽음의 공포는 동물적 생존이 끝나기 때문이 아니라, 죽을 수도 죽어서도 안 되는데 죽는다고 생각하는 데서 비롯된다. 미래의 죽음에 관한 생각은 현재에 진행되고 있는 죽음을 미래로 옮기는 것에 불과하다. 미래의 죽음에 관한 환상은 죽음에 관한 생각을 일깨우는 것이 아니라, 오히려 그와 반대로 인간이라면 마땅히 갖고 있어야 하지만 아무도 갖고 있지 않는 삶에 대한 생각을 일깨우는 것이다. 이 감정은 지하 무덤 속에서 삶에 눈을 뜬 사람이 느끼는 감정과 비슷할 것이다. 생명은 존재하지만 나는 죽음 속에 있다. 바로 여기에 죽음이 있다. 존재하고 당연히 있어야 하는 것이 파괴되고 있다고 생각하면 사람의 이성이 흐려지고 공포에 휩싸인다. 죽음의 공포가 죽음 자체에 대한 공포가 아니라, 그릇된 삶에 대한 공포라는 것은 죽음이 두려워 자살하는 사람들에 의해 확실하게 증명된다. 삶이 끝나는 육체적 죽음을 두려워하는 것이 아니라, 그들이 지니지 못한 참된 삶의 필요성을 육체적 죽음을 통해 깨닫기 때문이다. 바로 이런 까닭에 삶을 모르는 사람들은 죽음을 떠올리기 싫어한다. 그들이 죽음을 상기하는 것은 이성적 의식의 요구대로 살지 않았음을 인정하는 것이다.

  사람들이 죽음을 두려워하는 것은 죽음이 허무하고 암흑처럼 느껴지기 때문이다. 그러나 허무와 어둠을 느끼는 이유는 그들이 삶을 이해하지 못하기 때문이다.

XXVIII

**육체적 죽음은 공간적 육신과 시간적 의식을 파괴하지만,
세계에 대한 모든 존재의 특별한 관계라는
삶의 토대를 파괴하지는 못한다.**

삶을 이해하지 못하는 사람이라도 그들을 위협하는 환영에 다가가거나 만질 수 있다면, 환영은 환영일 뿐 실재가 아니라는 것을 알게 될 것이다.

공포는, 죽음으로써 삶을 구성하는 특별한 '나' 자신을 잃을지 모른다는 두려움에서 비롯된다. 죽으면 육체는 썩을 것이고, '나'는 파괴될 것이다. 그 '나'는 내 육신 속에서 몇 년 동안 살아왔다.

인간은 '나'와 육체적 삶을 동일시하면서 자신의 '나'를 소중히 여긴다. 그리고 육체적 삶이 파괴되면 자신도 소멸할 것이라고 결론짓는다. 이 결론은 너무나 일반적이어서 의심하는 사람이 아주 드물다. 하지만 이 결론은 근거가 없다. 유물론자든, 유심론자든 인간은 '나'가 수년간 살아온 자기 육체의 의식이라는 생각에 익숙해져서 결론의 옳고 그름을 확인해볼 생각조차 하지 못한다.

나는 59년을 살았고 그동안 자기 자신을 육체 내에서 의식했으므로 내 삶이 존재했다고 생각한다. 하지만 이것은 그저 내 생각일 뿐이다. 내가 산 것은 59초도, 59년도, 5900년도 아니다. 육체도, 생존한 시간도 나의 삶을 정할 수는 없다. 만일 살아 있는 매 순간 '나는 누구인가' 하고 내 의식 속에서 자문한다면, 나는 이렇게 대답할 것이다. '나만의 고유 방식으로 세계를 마주하고 대하는 나는 생각하고 느끼는 존재이다.' 오직 스스로 '나'로서 의식할 뿐 더 이상 아무것도 아니다. 언제 어디서 내가 태어났으며, 언제 어디서 내가 느끼고 생각하기 시작했는지, 지금 내가 무엇을 생각하고 느끼는지 나는 정말 아무것도 의식하지 못한다. 내 의식이 내게 알려주는 것은 내가 존재한다는 것, 내가 지금이라고 의식하는 이 세계와 관계를 맺으며 존재한다는 것이다. 출생이나 어린 시절에 관해, 청소년 시절과 중년 시절, 아주 최근 일에 이르기까지 아무것도 기억하지 못하는 경우가 많다. 내가 옛일을 기억하거나 누가 일깨워 준다 해도 그것은 타인들에 관해 말해준 것을 내가 기억하고 떠올리는 것과 거의 같다. 그렇다면 내가 사는 동안 계속해서 내가 동일한 '나'였다는 것을 무엇을 근거로 확신할 수 있는가? 내 육체는 항상 동일한 것이 아니었다. 내 육체는 끊임없이 흐르는 물질이었고 현재도 흐르는 물질이다. 내 육체는 비물질적이고 보이지 않는 어떤 것을 통해 내 육체라고 인정되는 어떤 것일 뿐이다. 내 몸은 수십 번이나 바뀌었다. 노화된 것은 무엇이든 사라졌다. 근육, 내장, 뼈, 뇌 등 노화된 모든 것이 변했다.

이처럼 끝없이 변하는 육체를 유일한 자신의 육체로 인정하는 데는 물질이 아닌 무엇인가 존재하기 때문이다. 물질이 아닌 그 무엇이란 바로 우리가 의식이라 부르는 것이다. 이 의식이 육체를 지탱해 주며 육체와 의식이 하나이며 자기 자신임을 인정한다. 만물과 구별되는 자신에 관한 의식이 없다면 내 자신의 삶뿐 아니라, 타인의 삶에 관해서도 알지 못할 것이다. 따라서 처음에는 모든 것의 토대인 의식이 항상 변함없이 유지되는 것으로 여겨질 수 있다. 그러나 그것은 옳지 않다. 의식은 변함없이 유지되지 않는다. 평생 동안 그리고 현재에도 매일 잠을 자기 때문에 우리는 잠을 아주 단순한 것이라 여긴다. 하지만 수면 중에 가끔씩 의식이 완전히 끊긴다는 사실을 인정한다면 잠이 단순하지 않다는 것을 알게 된다.

매일의 숙면 중에 의식은 완전히 사라졌다가 다시 돌아온다. 의식은 전 육체를 하나로 아우르며, 육체를 자신으로 인정할 수 있는 유일한 토대이다. 의식이 끊어질 때 육체는 분해되고 개별성의 경계가 사라지는 것처럼 느껴진다. 그러나 자연적인 수면이나 최면 중에도 그런 현상은 일어나지 않는다.

그러니까, 육체를 아우르는 의식은 주기적으로 끊어지는 반면, 육체는 분해되지 않는 것이다. 의식도 육체와 마찬가지로 변화한다. 십년 전 내 육체와 현재의 내 육체에 아무런 물질적 공통점이 없으니, 똑같은 하나의 육체가 존재한다고 말할 수 없다. 이렇듯이 나의 내면에도 하나의 동일한 의식이 존재하지 않는다. 삼십 년 전 내 육체와 현재의 육체가 가진 물질이 다르듯이, 세 살 적 아기일 때 의식과 현재 내 의식은 다르다. 불변하는 의식은 존재하지 않는다. 다만 끊임없이 세분할 수 있는, 연속적인 여러 의식이 존재한다.

온몸을 하나로 아우르고 자신의 육체로 인정할 수 있게 하는 의식은 어떤 단일한 것이 아니며 중단되고 변화하는 존재이다. 동일한 육체가 존재하지 않듯 동일한 의식은 우리 내면에 존재하지 않는다. 완전히 변함없는 육체도 없으며, 평생 동안 변함없는 의식도 존재하지 않는다. 서로 무엇인가 연결된 연속적인 의식이 존재할 뿐이며, 어쨌든 이를 통해 인간은 자신을 자신으로 느끼게 된다.

우리 육체는 불변 동일한 것이 아니다. 우리는 영속하는 시간 속에서 계속 변화하는 육체를 유일한 육체로 인정한다. 거기에 계속 변화하는 일련의 의식이 존재할 뿐이다. 우리는 수없이 자신의 육체와 의식을 잃어 왔다. 지속적으로 육체를 상실하고 매일 잠을 잘 때 의식을 잃는다. 매일 매시간 내면 의식의 변화를 느끼지만 우리는 그 변화를 조금도 두려워하지 않는다. 만일 죽음과 함께 잃어버릴까 두려워하는 우리의 '나' 자신이 어떻게든 존재한다면, 그것은 우리가 내 것이라고 여기는 육체 안에 있지 않으며 일정한 시점에 우리의 것이라 여기는 의식 내면에 일련의 연속적인 의식을 하나로 아우르는 그 어떤 것의 내부에 존재할 것이다.

연속적 시간 속에 존재하는 모든 의식을 하나로 연결하는 그것은 무엇인가? 내 육체적 존재와 그 내부에서 일어나는 일련의 의식을 단순히 결합하는 것이 아니라, 시간 속에 연속적으로 나타나는 여러 의식을 차례로 마치 하나의 기둥에 연결하는 것 같은 이 근본적이며 특수한 '나'는 도대체 무엇인가? 이 질문은 아주 심오하며 매우 지혜로워 보인다. 하지만 어린 아이도 그 답을 잘 알아서, 하루에 스무 번이라도 대답할 것이다. 바로 "'나'는 이것을 사랑하고 저것은 사랑하지 않는다."

란 말이다. 이 말은 아주 단순하지만 그 안에 모든 의식을 하나로 연결하는 특수한 '나'가 무엇인지 해결할 열쇠가 있다. 이것은 사랑하고 또 저것은 사랑하지 않는 것, 바로 그것이 '나'이다. 왜 이것을 사랑하고 저것은 사랑하지 않는지 그 이유는 아무도 모른다. 하지만 바로 이것이 모든 인간의 삶의 근원을 이루는 것이며 시간 속에 다양하게 나타나는 모든 독립된 인간의 의식을 하나로 연결하는 그 무엇이다. 외부세계는 모든 사람에게 동일하게 작용하지만 완전히 동일한 조건에 있다 해도 사람이 받는 인상은 매우 다양하다. 인간이 받는 인상은 그 종류와 강도가 한없이 세분화된다. 이런 인상을 바탕으로 각각의 인간에게 여러 의식이 생겨난다. 이 모든 연속적 의식이 연결되는 것은 오직 이런 인상이 의식에 당장 작용하는 반면 또 다른 인상은 의식에 작용하지 않기 때문일 뿐이다. 특정한 인상이 의식에 작용하거나 작용하지 않는 것은 그가 대상을 사랑하지 않아서가 아니라, 더 사랑하거나 덜 사랑하기 때문이다.

사랑하는 정도에 따라 인간의 내면에 일련의 특정 의식이 만들어진다. 어떤 대상을 더 사랑하거나 덜 사랑하거나 혹은 다른 대상을 사랑하지 않는 그 특성이 바로 분산되고 단질된 모든 의식을 하나로 모아주는 특별하고도 근원적인 '나'이다.

이 특성은 우리 삶 속에서 발전하지만, 우리가 볼 수 없는 미지의 과거에 이미 만들어져 우리 삶에 들어온 것이다.

인간이 어떤 대상을 더 사랑하거나 덜 사랑하고 또 다른 대상을 사랑하지 않는 이 독특한 특성을 일반적으로 성격이라고 부른다. 성격이란 말은 특정한 시공간에 의해 형성된 독립된 인간 개개인의 독특한 특성이라고 이해된다. 하지만 사실은 그렇지 않다. 인간이 어떤 대상을 더 사랑하거나 덜 사랑하고 또 다른 대상을 사랑하지 않는 이런 기본적인 본성은 시공간적 조건에서 비롯되는 것이 아니다. 오히려 그와 반대로, 시공간적 조건이 인간에게 영향을 끼치든 그렇지 않든, 인간은 이미 태어날 때부터 이것을 사랑하고 저것을 사랑하지 않는 특정한 본성을 이미 지니고 있는 것이다. 바로 이런 까닭에 완전히 동일한 시공간적 조건 속에서 태어나 교육을 받으며 성장했음에도 불구하고 사람들의 내면적 '나'가 서로 극단적으로 다르게 나타나는 것이다.

우선적으로 우리의 몸과 결합되는 분산된 의식을 하나로 모으는 것은 시공간적 조건과는 무관한 어떠한 것이다. 그것은 우리가 시공간을 초월한 영역에서 이 세상으로 가져온 것이다. 세상에 대한 특정한 관계를 구성하는 바로 이것이 진정한 실재로서의 '나'이다. 근본적 본성으로서 내 자신과 타인을 파악한다는 것은 세상에 대한 각자의 특별한 관계를 아는 것뿐이다. 사람들과 정신적으로 교감할 때 어느 누구도 그 사람의 외적인 특성에 좌우되지 않으며, 세상과의 관계, 즉 얼마나 사랑하는지 사랑하지 않는지 그 사람의 본성을 파악하려고 노력한다.

내가 잘 알고 있는 말, 개, 젖소 등 동물과 정신적 교감을 한다면 나는 그 동물의 외면을 아는 것이 아니라, 그 동물이 갖는 세계와의 특별한 관계, 다시 말해 그 동물이 얼마나 그리고 어느 정도로 사랑하고 사랑하지 않는지를 안다는 것을 뜻한다. 만일 내가 여러 종류의 동물을 안다면, 그것은 엄밀히 말해서 동물들의 외형을 아는 것이 아니라, 사자, 물고기, 거미 등 각 동물의 세계에 대한 고유하며 독특한 관계를 안다는 뜻이다. 모든 사자는 이것을 좋아하고 모든 물고기는 저것을 좋아하며 모든 거미는 또 다른 것을 좋아한다. 이 동물들이 각각 서로 다른 것을 좋아하기 때문에 이 동물들은 서로 다른 동물로 내 생각 속에서 서로 구별된다.

모든 동물에 대한 관계의 특성을 파악하지 못했다고 해서 특별한 관계가 없다는 것이 증명되는 건 아니다. 다만 모든 거미의 삶을 규정할 세계에 관한 특별한 관계와 내가 멀리 있어서, 실비오 페리코*가 자신의 거미를 이해한 것처럼 거미를 아직 이해하지 못할 뿐이다.

자신과 세계를 파악하는 근거는 세계를 보는 '나'의 특별한 관계이다. 내가 세계를 향해 특별한 관계를 맺고 나서야, 나처럼 세계에 대해 특별한 관계를 갖는 다른 존재가 파악된다. 세계에 대한 나의 특별한 관계는 현재의 삶 속에서 만들어진 것이 아니며, 지금의 육체와 시간 속에 순차적으로 존재하는 일련의 의식과 함께 시작되지도 않았다.

따라서 일시적인 의식과 연결된 내 육체가 소멸될 수 있고, 나의 일시적인 의식이 소멸될 수도 있다. 그러나 나의 특수한 자아를 구성하고 모든 것의 원천인 세계를 향한 나의 특별한 관계는 소멸될 수 없다. 그것은 유일하게 존재하는 것이기 때문이다. 만일 세계에 대한 특별한 관계가 없었다면 나는 순차적으로 존재하는 내 의식도, 내 육체도 알 수 없었을 것이고, 나 자신은 물론 그 어떤 타인의 삶도 알 수 없었을 것이다. 따라서 육체와 의식이 소멸한다고 세계에 대한 나의 특별한 관계가 소멸될 수는 없다. 세계에 대한 나의 특별한 관계는 이 삶이 아닌 곳에서 시작되고 생겨났다.

✽ 18세기 이탈리아의 신비주의적 작가, 시인.(편집자 주)

XXIX

삶의 일부를 삶 전체라고 오해하기 때문에
죽음에 대한 두려움이 생긴다

시간 속에 나타나는 의식과 육체를 하나로 연결하는 특별한 '나' 자신을 육체적 죽음과 함께 잃어버릴까 우리는 두려워한다. 그러나 특별한 '나'는 출생과 함께 시작된 것이 아니기 때문에, 일시적으로 의식이 멈추었다고 모든 시간의 의식을 하나로 연결하는 특별한 자아가 사라지는 것은 아니다.

육체적 죽음이 실제로 파괴하는 것은 육체와 함께 했던 일시적인 삶의 의식일 뿐이다. 하지만 이런 현상은 우리가 매일 잠들 때 항상 일어난다. 문제는 육체적 죽음이 모든 순차적인 의식을 하나로 연결하는 세계에 대한 나의 특별한 관계까지 파괴하는가에 있다. 특별한 관계까지 파괴된다고 주장하려면 모든 순차적 의식을 하나로 연결하는 세계에 대한 특별한 관계가 나의 육체와 함께 태어났다는 것을 증명해야 한다. 그래야 함께 소멸된다고 할 수 있다. 하지만 사실은 그렇지 않다.

자신의 의식을 토대로 생각해 봐도 알 수 있는 것은, 나의 의식을 하나로 연결하는 그 무엇이 있기에 어떤 것은 받아들이고 어떤 것은 차갑게 대하고, 그 결과 어떤 것은 남고 어떤 것은 사라지며, 선을 사랑하는 정도와 악을 미워하는 정도가 정해진다. 바로 이것이 나 자신, 즉 특별한 '나'를 만드는 세계에 대한 나의 특별한 관계다. 세계에 대한 나의 특별한 관계는 외부적 요인에 의해 만들어진 것이 아니며, 오히려 내 삶의 모든 현상의 근본적인 요인이다.

처음에는 부모의 특성이나 나와 부모에게 영향을 끼친 조건 때문에 내가 특별하다고 생각한다. 조금 더 깊게 생각해서, 내가 특별한 이유가 부모 그리고 나와 부모에게 영향을 미친 조건 때문이라면 내 모든 선조들과 그들 생존의 모든 조건까지 시공간을 초월하여 끝없이 확대하게 된다. 따라서 특별한 '나'는 시공간을 초월하여 생겨났으며 내가 의식하는 바로 그것임을 깨닫게 된다.

우리가 육체적 죽음과 함께 사라질까 두려워하는 특별한 '나'는 시공간을 초월하여 기억 속의 모든 의식과 삶보다 선행한 의식(플라톤도 언급했고 우리가 내면에서 느끼는 것처럼)

을 연결하는 세계에 대한 나의 독특한 관계 속에 기반을 두고 바로 그 안에 존재한다.

모든 의식을 하나로 연결하는 것, 즉 특별한 '나'는 시간을 초월하여 항상 있어 왔으며 현재에도 존재한다. 단절된 것은 오로지 일정 시간 제한된 일련의 의식뿐이다. 그것을 이해하면 매일 잠드는 것처럼 바로 직전까지 있었던 의식이 육체적 죽음과 함께 소멸하지 않는다는 것과 죽음이 참된 인간으로서의 '나'를 소멸시키지 못한다는 것이 분명해진다. 잠자는 동안 죽은 것처럼 일시적으로 의식이 완전하게 단절됨에도 불구하고 그 누구도 잠들기를 두려워하지 않는다. 잠들면 죽은 듯 의식이 완전하게 단절됨에도 불구하고 잠들기를 두려워하지는 않는 것은 다시 깨어날 것이라 판단해서가 아니다.(이런 논리는 옳지 않다. 그가 1000번을 잠에서 깨어났다고 하더라도, 1001번째는 깨어나지 못할 수 있다.) 아무도 이렇게 생각하지 않고 또 이런 생각으로 안심하고 자는 것이 아니다. 참된 '나'는 시간을 초월하여 살고 시간 속에 나타나는 의식 단절이 사람의 삶을 파괴할 수 없음을 알기 때문이다.

만일 동화에서 나오는 것처럼 천년 동안 잠을 잔다 해도 사람은 아마 두 시간 자는 것처럼 편안하게 잘 것이다. 시간을 초월한 의식은 백만 년의 단절이나 여덟 시간의 단절이나 다를 바 없다. 왜냐하면 참된 삶에는 시간이 존재하지 않기 때문이다.

육체가 소멸하면 현재의 의식이 소멸한다.

육체의 변화와 의식의 시간적 유한성을 깨닫고 변화해야 할 때가 된 것뿐이다. 이런 변화는 인간이 자신을 기억하기 시작하던 때부터 끊임없이 계속된다. 인간은 육체의 변화를 두려워하지 않는다. 무서워하지 않을 뿐 아니라, 때로는 빨리 성장하여 어른이 되기를, 또는 어서 병이 낫기를 바라는 등 더 많은 변화가 빠르게 진행되기를 바라기도 한다. 한때 인간은 단지 하나의 붉은 고깃덩어리였고, 의식은 위의 요구 속에서만 존재했을 뿐이다. 이제는 성장하여 수염을 기른 현명한 신사가 되었거나 다 큰 아이들을 사랑하는 여인이 되었다. 육체도 의식도 변하였지만 인간은 현재의 상태로 이끈 그러한 변화를 두려워하지 않았을 뿐 아니라 오히려 그 변화를 환영하였다. 그렇다면 앞으로 있을 변화가 왜 두려운가? 소멸이 두려운가? 이 모든 변화의 토대, 즉 참된 삶의 의식을 이루고 있는 세계에 관한 특별한 관계는 육체와 함께 생겨난 것이 아니라 시공간을 초월하여 존재한다. 그렇다면 시공간적 변화가 어떻게 시공간을 초월한 존재를 소멸시킬 수 있겠는가? 인간은 자기 삶의 작디작은 한 부분만을 주시하고 있으며 자신이 좋아하는 그 삶의 한 부분이 시야에서 사라질까 두려워 전체를 보려고 하지 않는다. 이것은 마치 자신이 유리라고 생각한 정신이상자가 누군가와 부딪쳐 넘어지자 '쨍그랑'이라고 말하고 바로 죽어버렸다는 농담을 떠올리게 한다. 인생을 갖기 위해서는 시공간 속에 나타나는 삶의 일부가 아니라, 삶 전체를 취해야 한다. 삶 전체를 선택하는 사람은 삶이 더 풍성해질 것이고, 삶의 일부만을 선택하는 사람은 가진 삶조차 잃게 될 것이다.

삶은 세계에 대한 관계이다.
삶의 움직임은 고차원의 새로운 관계를 확립하는 것이다.
따라서 죽음은 새로운 관계로 들어서는 것이다.

우리는 세계에 대한 관계로 삶을 이해할 수밖에 없다. 뿐만 아니라 우리는 내면의 삶을 그렇게 이해하고 다른 존재의 삶도 그렇게 이해한다.

우리는 내면의 삶을 세계에 대한 현재의 관계로 이해할 뿐 아니라, 동물적 자아로 하여금 이성적 의식을 점점 더 강하게 따르게 하여, 더 높은 수준의 사랑을 나타냄으로써 세계에 대한 새로운 관계를 만드는 것으로 이해한다. 우리가 아는 바, 육체적 존재가 필연적으로 소멸한다는 것은 현 세계에 대한 우리의 관계가 영원한 것이 아니고 다른 새로운 관계로 정립되어야 함을 보여준다. 이러한 새로운 관계의 확립, 즉 삶의 움직임은 죽음에 대한 생각을 소멸시킨다. 세계에 대한 이성적 관계를 확립하고 더욱 큰 사랑을 드러내는 것을 자신의 삶으로 인정하지 못하고, 태어날 때 지녔던 대로 이것은 사랑하고 저것은 사랑하지 않는 낮은 차원의 사랑의 관계에 머물러 있는 사람들이 죽음이란 생각에 사로잡히는 것이다.

  삶은 끝없는 움직임이다. 그 움직임이 세계에 대해 기존 관계에 머물고 태어날 때 지녔던 수준의 사랑에 그친다면, 인간은 삶이 정지되었다고 느끼며 죽음을 보게 된다.

  바로 이런 사람들에게만 죽음이 보이고 또 두려운 것이다. 이런 사람에게는 생존 자체가 끊임없는 죽음이다. 미래의 죽음을 보며 두려워할 뿐 아니라, 현재에서도 그러하다. 왜냐하면 아이가 어른이 되는 과정에서 존재의 활동이 잠시 힘을 내지만, 젖먹이에서 노인이 될 때까지 동물적 삶이 감소되는 모든 현상 속에서 신체가 퇴화되고 유연성과 활력이 감소되며 출생에서 죽음으로 끊임없이 다가가기 때문이다. 그런 사람은 바로 코앞에서 항상 죽음을 보며, 아무것도 그를 죽음에서 구해줄 수 없다. 그의 상태는 매일 매시간 점점 더 악화되며, 무엇도 그의 상태를 더 나아지게 할 수 없다. 한 사람에 대한 사랑이나 다른 사람에 대한 미움과 같은 즉, 인간이 가지는 세계에 대한 특별한 관계는 생존의 여러 조건 중 하나에 지나지 않는다. 세계에 대한 새로운 관계를 확립하고 사랑을 키워 나가는 유일한 삶의 과업 따위는 그 사람에게 쓸모없는 것처럼 여겨진다. 그의 모든 인생은 어쩔 수 없는 살아있는 시간의 감소, 신체의 둔화와 약화, 노화와 죽음에서 벗어나려 평생 애쓰며 헛되이 흘러간다.

그러나 삶을 이해하는 사람의 경우는 다르다. 그는 세계에 대한 특별한 호불호가 자신의 비밀스런 과거로부터 현재의 삶으로 왔다는 것을 안다. 그는 현 존재에서 나타나는 호불호가 자신의 인생의 핵심이라는 것을 안다. 이것은 우연한 본성이 아니라 유일한 삶의 활동이고 이 유일한 활동을 통한 사랑의 확장 속에서 삶을 산다.

현재의 삶 속에서 과거를 돌이켜 보며, 그는 기억 속의 의식들을 통해 세계에 대한 자신의 관계가 변했다는 것, 이성의 의식을 더욱 더 따르게 되었다는 것, 어느 것에도 구속받지 않는 큰 행복을 느끼며 때로는 정반대로 개인적 존재가 줄어드는 것에 비례하여 사랑의 힘과 사랑의 영역이 끊임없이 확장되어 왔다는 것을 깨닫는다. 이런 사람은 미지의 과거에서 온 자신의 삶을 받아들이고 끊임없이 성장하는 삶을 의식하면서 평온하고 기쁜 마음으로 자신의 삶을 미지의 미래로 향하게 한다.

질병, 노화, 쇠약, 치매 등이 의식과 인생의 소멸이라고 말한다. 과연 어떤 사람들에게 그런가? 너무 늙어 어린아이처럼 되었던 신학자 요한*의 이야기가 떠오른다. 그는 "형제들이여, 서로 사랑하시오!"라는 말만 했다고 한다. 겨우 몸을 가누는 백 살이 다 된 노인이 눈물을 글썽이며 이 두 마디 말만 중얼거렸다고 한다. "서로 사랑하시오!" 그 사람 내면에서 동물적 존재는 찾을 수 없다. 육체적 내면에 더 이상 깃들 수 없는 새로운 살아있는 존재, 세계에 대한 새로운 관계에 의해 동물적 존재는 소멸되고 사라진다.

삶을 있는 그대로 이해하는 사람에게, 병과 노화로 자신의 삶이 줄어든다고 말하며 슬퍼하는 것은 빛을 향해 나아가는 사람이 빛을 향해 갈수록 자신의 그림자가 작아진다고 한탄하는 것과 같다. 육체의 소멸이 생명의 소멸이라고 믿는 것은 환한 빛 속에 들어가 그림자가 사라지는 것을 보고 존재가 사라졌다고 믿는 것과 같다. 너무나 오랫동안 그림자를 바라보아서 그림자가 대상 그 자체라고 생각하게 된 사람만이 그런 결론을 내릴 수 있다.

시공간적 번영으로서가 아니라, 세계에 대해 성장해 가는

✽ 신학자 요한은 예수의 열 두 제자 중 한 명으로 요한복음의 저자이다. 보통 사도 요한으로 불리운다.(편집자 주)

사랑으로서 자신을 이해하는 사람에게 시공간적 조건의 그림자가 사라지는 것은 빛이 더욱 밝아졌다는 증거가 된다. 태어날 때 이미 세계에 대한 자신의 특별한 관계를, 그리고 사랑을 키움으로써 세계에 대한 관계를 성장시키는 것이 자신의 삶이라고 이해하는 사람이 육체적 소멸을 믿는 것은, 외부 세계의 물리 법칙을 아는 이가 어머니가 양배추 잎 밑에서 그를 주워 왔고 그의 육체가 죽으면 어디론가 날아가 흔적 없이 사라질 것이라고 믿는 것과 같다.

XXXI

죽은 자들의 삶은 이 세상에서 끝나지 않는다.

다른 설명을 하지 않아도 우리가 의식하는 삶의 본질을 생각해 보면 죽음에 관한 믿음은 더 분명해진다. 나처럼 살아 있었던 내 친구와 형제가 이제 더 이상 나처럼 살아있지 않다. 그의 삶은 그의 의식이었으며 육체적인 존재라는 조건 속에서 살았다. 그의 의식은 나에게 드러날 시공간이 없으므로 이제 그는 존재하지 않다고 볼 수 있다. 내 형제가 살았고 나는 그와 친하게 지냈지만, 그는 지금 사라졌고 나는 그가 어디 있는지 알 수 없다.

"그와 우리 사이의 모든 관계가 끊어졌다. 우리에게 그는 존재하지 않는다. 우리 뒤에 남겨질 사람들에게 우리도 그렇게 사라질 것이다. 이것이 바로 죽음이 아니고 무엇이겠는가?" 삶을 모르는 사람은 이렇게 말한다.

이런 사람은 외적 교류의 단절이 바로 실제 죽음의 증거라고 생각한다. 가까운 사람의 죽음보다 더 명료하고 확실하게 죽음에 관한 생각이 환상이라는 것을 잘 보여주는 것도 없다. 내 형제가 죽었다. 그래서 어떻게 되었는가? 내가 볼 수 있는 시공간 속에서 세계에 대한 그의 관계가 내 시야에서 흔적도 없이 사라졌을 뿐이다.

아직 나비가 되지 못한 누에고치 속의 번데기가, 이미 나비가 되어 텅 비어 버린 누에고치를 바라보고는 이렇게 말했을 것이다. "흔적도 없이 사라졌다."

왜냐하면 자기 옆의 번데기를 잃고는 더 이상 그 번데기를 어떻게도 느낄 수 없기 때문이다. 인간의 경우는 그와 다르다. 내 형제는 죽었으며 그의 누에고치는 텅 비었다. 나는 그를 그전에 알던 모습대로 볼 수가 없다. 하지만 그는 내 시야에서 사라졌을 뿐 그에 대한 나의 관계는 사라지지 않는다. 늘 우리가 말하는 것처럼 내게는 그에 관한 기억이 남아 있다.

그의 손, 얼굴과 눈에 대한 기억이 남는 것이 아니라, 영혼이 남는다.

이 기억은 무엇인가? 단순하고 명료한 말처럼 보인다! 물질과 동물의 경우, 형태가 사라지면 이것들 사이의 기억은 존재하지 않는다. 하지만 나는 내 친구와 형제를 기억한다. 내 친구와 형제의 삶이 이성의 법칙과 조화로웠고 삶 속에서 더욱 큰 사랑을 보여 주었다면 그 기억은 더욱 생생하다. 이 추억은 단순한 생각이 아니다. 이 추억은 내 형제가 이 세상에 살아 있을 때와 똑같이 내게 영향을 끼친다. 기억은 눈에 보이지 않는 비물질적인 어떤 분위기다. 그 분위기는 내 형제 생전에 그의 삶을 감쌌고 나와 주변 사람에게 영향을 주었는데, 형제가 죽은 후에도 생전처럼 똑같이 내게 영향을 준다. 형제가 생전에 내게 요구했던 바로 그것을 죽은 후에도 기억을 통해 내게 요구한다. 살아있을 때보다 죽은 후에 형제의 요구는 더 강렬해진다. 내 형제의 생명력은 약해지고 사라져버려 자취를 감춘 것이 아니라, 오히려 이전보다 더 강렬하게 내게 영향을 끼친다.

육체적 죽음 후에도 그의 생명력은 죽기 전과 같거나 더 힘차게 작용하고, 참된 모든 생명체와 똑같이 작용한다. 육체적 존재로 살 때와 똑같은 형제의 생명력이 내게 작용함을, 즉 세계에 대한 나의 관계를 알려주는 형제의 생명력을 느끼는데, 어떻게 죽은 형제가 더 이상 생명을 지니지 않는다고 확신할 수 있겠는가? 내가 말할 수 있는 것은 지금의 나처럼 내 형제도 동물적 존재였지만 그는 이제 이 낮은 세계와의 관계를 벗어났다는 것이다. 형제가 머무는 세계에 대한 새로운 관계의 핵심을 지금 알 수는 없지만 내게 작용하는 그의 생명력을 온몸으로 느끼고 있기에 그의 생명을 부정할 수가 없다. 누가 나에게 기대어 있는 것을 거울을 통해 보고 있었는데, 거울이 흐려졌다. 그래서 그가 나에게 기댄 것을 더 이상 볼 수 없지만 그가 온몸으로 여전히 나에게 기댄다는 것을 느끼므로 그가 존재하는 것과 같다.

그뿐 아니라, 죽은 내 형제의 보이지 않는 생명이 나의 내면으로 들어와 영향을 준다. 세계에 대한 그의 관계, 그의 살아 있는 특별한 자아가 세계에 대한 나의 관계가 되는 것이다. 형제는 그가 올라간 세계와의 고차원적 관계로 나를 끌어올린다. 살아 있는 특별한 나의 자아는 내 형제가 올라간 그 다음 차원을 명확하게 이해하게 된다. 그는 내 시야에서 사라졌지만 여전히 나를 이끌었던 것이다. 이렇듯 분명하여 의심할 수 없기에 육체적으로는 죽어 잠든 내 형제의 생명을 의식한다. 내 시야에서 사라져 버린 생명의 활동을 관찰하면서 나는 오히려 시야에서 사라진 생명이 실재한다는 것을 더욱 확실하게 확신한다. 사람은 죽었지만 세계에 대한 그의 관계는 타인들에게 지속적으로 작용하며 오히려 살아있을 때보다 더욱 더 강력하게 작용한다. 이성과 사랑의 활동도 모든 생명체처럼 쉼 없이 확장하고 성장한다.

예수는 이미 오래 전에 죽었고, 그 육체적 삶은 짧았다. 우리는 예수의 육체적 삶에 관해 잘 모른다. 하지만 예수의 이성적-사랑의 삶, 세계에 대한 예수의 관계는 그것을 받아들이는 수많은 사람에게 아직도 작용한다. 이렇게 작용하는 것은 무엇인가? 과거 예수의 육체적 존재와 결합되어 있었으며, 현재 예수의 생명을 지속시키고 성장시키는 그것은 도대체 무엇인가? 우리는 그것이 예수의 삶 그 자체가 아니라 그 삶의 결과라고 말한다. 이러한 아무런 의미도 없는 이런 말들을 내뱉고는 '그 힘은 살아있는 예수 자체이다.'라는 보다 더 분명하고 명확한 무언가를 말했다고 생각한다. 하지만 이것은 자라서 떡갈나무가 된 도토리 옆에 우글거리는 개미들이나 할 만한 말이다. 도토리는 자라서 떡갈나무가 되고 나무의 뿌리로 주변의 흙을 가르며 작은 가지, 잎사귀와 새로운 도토리를 떨어뜨리고 햇빛과 비를 가리며 주변의 모든 삶을 바꾸어 버렸다.

"이것은 도토리의 삶이 아니야. 우리가 도토리를 구덩이에 던져버렸을 때 이미 끝나 버린 도토리 생명의 결과일 뿐이야." 라고 개미들은 말할 것이다.

내 형제가 어제 죽었든 천 년 전에 죽었든, 시공산 속에 드러나던 그 생명의 핵심적 힘이 내 시야에서 사라졌든 그가 육체적으로 살아 있을 때 작용했던 바로 그 생명의 힘이 수백, 수천, 수백만 사람의 내면에 더 강력하게 작용하고 있는 것이다. 이것은 무엇을 의미하는가? 내 눈 앞에서 불타오르는 관목들을 보았다고 치자. 관목은 타버렸지만 불꽃은 더욱 밝아진다. 나는 그 불의 원인을 알지 못하고 무엇이 타는지 모르지만 관목을 태운 불이 이제는 저 멀리 숲을 태우거나 내가 보지 못하는 그 무엇을 태우고 있다는 결론을 내릴 수 있다. 이제 그 불빛을 볼 수 있을 뿐 아니라, 그 빛이 나를 이끌고 내게 생명을 준다. 나는 이 빛으로 살고 있다. 내가 어떻게 빛을 부정할 수 있겠는가? 생명의 힘이 지금은 내가 볼 수 없는 다른 중심으로 이동했다고 생각할 수도 있다. 하지만 생명의 힘을 느끼고 그 힘으로 살고 활동하기에 나는 그것을 부정할 수가 없다. 힘의 중심이 어떤 것인지 생명이 어떤 것인지 나는 알 수 없지만 추측하려면 추측을 해볼 수는 있다. 하지만 혼란에 빠지고 싶지 않다. 내가 이성적으로 생명을 이해하려 한다면 명확하고 의심할 바 없는 확실한 설명에 만족하면 되지, 자의적이며 부정적인 추측으로 명료하고 확실한 해석을 엉망으로 만들고 싶지는 않다. 내 삶의 모든 것이 나보다 먼저 살다 죽은 사람들의 삶을 통해 만들어졌고, 바로 그 까닭에 동물적 자아가 이성을 따르고 사랑의 힘을 드러내는 삶의 법칙을 실천한 모든 사람이 육체적 죽음 이후에도 다른 사람의 내면에서 살았고 또 살고 있다는 사실을 알게 된다. 그러면 무시무시한 죽음에 관한 미신이 더 이상 나를 괴롭히지 못하게 하는 것으로 나는 만족할 것이다.

죽은 후에도 지속적으로 생명력이 작용하는 사람들을 보면, 자아가 이성을 따르게 하고 사랑의 삶을 살았던 사람들이 왜 생명의 소멸이 불가능하다고 했는지 이해할 수 있게 된다.

이런 사람들의 삶 속에서 우리는 그들의 불멸에 대한 믿음의 근거를 찾을 수 있고, 이후 우리 자신의 내면 성찰을 통해 우리 자신 속에 있는 믿음의 근거를 찾을 수 있게 된다. 예수는 육체적 삶이라는 환영이 사라진 이후에도 자신이 살게 될 것이라고 말했다. 예수가 이렇게 말한 것은 육체적 존재일 때 그는 이미 소멸하지 않는 진정한 생명의 경지에 들어섰기 때문이다. 육체적 존재이던 시절에 이미 예수는 다른 생명의 중심에 있는 빛을 받으며 살았고, 살아있으면서도 그 빛이 얼마나 환하게 주변 사람을 비추는지 보았다. 동물적 자아로부터 벗어나 이성적 사랑의 삶을 사는 사람은 누구나 이와 같은 것을 보게 된다.

인간(예수 그리스도이든, 소크라테스이든, 선량하고 이름 없는 헌신적인 노인이든, 청년이든, 여인이든)의 활동 범위가 아무리 좁다고 해도, 만약 그가 자아에서 벗어나 타인의 행복을 위하여 산다면, 현세에서 그는 죽음을 초월하는 세계에 대한 새로운 관계를 확립하는 것이다. 세계에 대한 이런 관계를 확립하는 것은 모든 인류의 삶의 과제이다.

이성의 법칙을 따르고 사랑을 베푸는 것이 자신의 삶이라고 인정하는 사람은 현세에서 이미 새로운 생명의 중심이 비추는 빛을 보게 되고, 다른 한편 그 빛이 자신을 통하여 주변의 타인에게 미치는 영향도 보게 된다. 이를 통하여 그는 생명이 감소하지도 소멸하지 않으며 영원히 확장한다는 확고한 믿음을 갖게 된다. 타인이 설득하거나 스스로 설득한다고 불멸을 믿을 수 있는 것이 아니다. 불멸을 믿기 위해서는 불멸이 존재해야 하고, 불멸이 존재하려면 자신의 삶이 어떻게 불멸하게 된 것인지 이해해야 한다. 미래의 삶을 믿을 수 있는 이는, 자기 삶의 과업을 완수하고 이 세상을 초월하는 새로운 관계를 현세에서 확립한 사람뿐이다.

XXXII

**죽음에 대한 미신은 세계에 대한 자신의
여러 가지 관계를 혼동해서 생긴다.**

그렇다. 참된 의미로 삶을 음미해 본다면 죽음에 관한 이상한 미신이 어디에서 나왔는지 이해하기 어려워지는 것이 사실이다.

어둠 속에서 자신을 놀라게 한 환영의 실체를 알면 두 번 다시 환영에 대한 공포를 느끼지는 않는 법이다.

갖고 있는 유일한 것을 잃을지도 모른다는 두려움이 있다. 이 두려움은 알고는 있지만 보이지 않는 세계에 대한 이성적 의식의 특별한 관계 때문에 생기는 것이 아니라, 알지는 못하지만 눈에 보이는 관계들, 즉 세계에 대한 동물적 의식과 육체의 관계 때문에 생긴다. 인간은 존재하는 모든 것을 (1) 세계에 대한 그의 이성적 의식의 관계, (2) 세계에 대한 그의 동물적 의식의 관계, (3) 세계에 대한 그의 육체의 관계로 파악한다. 세계에 대한 이성적 의식의 관계야말로 그의 유일한 삶이라는 사실을 이해하지 못한 까닭에, 눈에 보이는 동물적 의식과 물질의 세계에 대한 관계를 자신의 삶이라 생각하면서 이전의 세계에 대한 동물적, 물질적 관계가 그의 자아 속에서 파괴되면 세계에 대한 자신의 이성적 의식의 특별한 관계를 잃어버리게 될까 봐 두려워하는 것이다.

이러한 사람은 자신의 동물적 자아가 의식의 차원으로 이동하는 물질의 운동에서 생겨났다고 생각한다. 동물적 의식이 이성적 의식으로 변하고, 그 다음에 이성적 의식이 약화되어 다시 동물적 의식으로 퇴보하고, 결국 동물적 의식이 약화되어 원래의 죽은 물질로 되돌아간다고 생각하는 것이다. 세계에 대한 이성적 의식의 관계는 우연이며 불필요하고 소멸해 가는 것이라고 생각한다. 이런 관점에서 보면 세계에 대한 동물적 의식 관계는 소멸하지 않고 종족 안에서 계속 존속하며 세계에 대한 물질 관계는 결코 사라지지 않는 영원한 것으로 보이는 반면, 가장 소중한 그의 이성적 의식은 영원하지 않으며 불필요하게 지나는 일순간에 불과해 보인다.

인간도 이것이 불가능함을 느낀다. 그리고 여기에 죽음의 공포가 있다. 죽음의 공포에서 벗어나기 위해 동물적 의식이 그들의 이성적 의식이며, 동물적 인간의 불멸, 즉 종족과 종족 보존이 그들 내면의 이성적 의식의 불멸을 향한 욕구를 충족시킨다고 스스로 믿으려는 사람들이 있다. 또 다른 사람들은 이전에 존재한 적이 없던 생명이 갑자기 육체로 나타났다가 사라진 뒤에 다시 육체를 빌어 부활하여 살게 될 것이라고 믿으려 한다. 하지만 삶을 세계에 대한 이성적 의식의 관계로 인정하지 않는 사람은 어느 쪽의 생각도 믿을 수 없다. 왜냐하면 그들에게 있어 종족을 보존한다고 해도 특별한 자아의 영원성에 대한 끝없는 욕구가 충족될 수 없고, 새로이 시작되는 생명은 언젠가 단절된다는 개념을 품고 있어, 이전에 그런 삶이 존재하지 않았다면 그 삶은 현재와 미래에도 존재할 수 없음이 명확하기 때문이다.

위의 두 가지 중 어떤 생각을 따른다 해도 세속적 삶은 파도와 같다. 죽은 물질에서 자아가 나오고, 자아에서 파도의 절정인 이성적 의식이 생겨난다. 파도의 정상에 올라선 후, 파도, 이성적 의식, 동물적 자아는 그들이 나왔던 그곳으로 내려가며 사라진다. 위 두 가지 중 어떤 생각을 따른다 해도 사람들에게 인생은 눈에 보이는 것이 된다. 인간은 자라 어른이 되고 죽는다. 죽은 후에 아무것도 있을 수 없다. 그가 죽은 후 남겨진 자손이나 남겨진 사업도 그를 만족시킬 수는 없다.

인간은 자아를 안타까워하고 자아의 삶이 단절될까 두려워한다. 지상에서 육체를 통해 시작되고 끝난 바로 그 생명이 다시 살아난다는 것을 도저히 믿을 수가 없는 것이다.

만일 자신이 과거에 존재하지 않았고 무(無)에서 태어나 죽은 거라면, 하나뿐인 특별한 자신은 더 이상 존재하지도 존재할 수도 없음을 사람은 안다. 한편 자신이 단 한 번도 태어나지 않았고 항상 존재했으며 존재하고 있고 앞으로도 존재할 것이라고 이해해야만 인간은 자신이 죽지 않을 것을 이해한다. 그러니 인간은 자기 삶이 파도가 아니라 이번 삶에서만 파도와 같은 형태로 나타난 영원한 운동이라고 이해해야 한다. 그래야 비로소 자신의 불멸을 믿게 된다.

나는 죽을 것이고 내 생명이 끝날 것이란 생각을 하게 되면, 이 생각 때문에 고통스럽고 스스로를 가엾게 여기게 된다. 그렇다면 무엇이 죽는 것인가? 나는 무엇을 가엾게 느끼는가? 보통 사람의 관점으로 볼 때 나는 대체 무엇인가? 나는 무엇보다 육체이다. 그래서 어떻다는 말인가? 그것 때문에 죽음이 두렵고 안타까운가? 그렇지는 않다. 육체라는 물질은 어느 한 부분도 결코 사라지지 않는다. 육체는 보장되어 있기 때문에 두려워할 이유가 없다. 모든 것은 완전한 상태로 있을 것이다. 그러나 그것이 안타까운 것이 아니라고 사람들이 말한다. 나 레프 니콜라예비치가 가엾고, 이반 세묘노비치가 가엾다고 한다. … 하지만 모두 이미 이십 년 전 그 사람들이 아니다. 사람들은 하루하루 언제나 변화한다. 그것이 왜 가여운 일인가? 또, 그것이 가여운 것이 아니라고 말한다. 의식으로서의 '나 자신', 즉 현재로서의 '나 자신'이 가엾다고 한다.

그렇다. 당신의 의식도 항상 동일한 것이 아니었으며 여러 가지로 변화했다. 일 년 전에는 지금과 다른 의식이었고, 십 년 전에는 또 다른 의식이었으며, 그 전에는 아예 다른 의식이었다. 당신이 기억하는 의식은 항상 변화해 왔다. 현재의 의식이 얼마나 좋기에 현재의 의식을 잃는 것을 그토록 안타까워하는가? 당신의 의식이 항상 동일한 것이었다면 안타까운 마음을 이해할 수 있지만 의식은 항상 변화를 거듭했다. 의식의 시작을 볼 수도 찾을 수도 없으면서, 자신의 의식에 끝이 없기를, 현재의 내면 의식이 영원하기를 갑자기 바란다. 자신을 기억하는 그때부터 당신은 삶의 길을 계속 걸어 왔다. 어떻게 왔는지는 모르지만 당신은 현재의 삶으로 왔다. 허나 당신 자신인 특별한 '나'를 가지고 세상에 왔음을 안다. 이 세상에 와서 걷고 걸어 중간쯤 걸어온 뒤, 당신은 갑자기 기뻐서인지 놀라서인지 알 수는 없지만 고집을 피우며 앞길이 보이지 않는다는 이유로 더 이상 걷기를 원치 않고 제 자리에서 움직이지 않으려 한다. 존재했던 그 장소도 역시 보지 못했으면서 이곳으로 왔다. 입구로 들어왔으면서 출구로 나가길 원하지 않는다.

당신의 일생은 육체적 존재를 통한 도보 행진과 같다. 당신은 서둘러 가려고 애쓰며 걸어왔다. 그러다 갑자기, 지금까지 쉼 없이 해오던 것을 완성하는 것이 안타깝게 여겨지는 것이다. 육체적 죽음으로 야기되는 제 상태의 급격한 변화가 두렵다. 하지만 그 커다란 변화는 태어날 때도 겪었다. 출생으로 손해는 전혀 없었고 오히려 반대로 당신이 지금 놓치기 싫은, 그토록 좋은 일들이 생겼다.

도대체 무엇이 당신을 위협할 수 있을까? 세상을 향한 현재의 느낌과 생각, 그리고 시각, 세계에 대한 현재의 관계를 가진 자신을 잃을까 안타깝다고 당신은 말한다.

세계에 대한 자신의 관계를 잃을까 두려운 것이다. 세계에 대한 어떤 관계를 말하는가? 그 관계의 근원은 무엇인가?

만일 그 관계가 먹고 마시고 종족을 보존하고 집을 짓고 옷을 입으며 타인이나 동물과 관계를 맺는 것이라면, 그것은 생각하는 동물인 모든 인간의 삶이 가지는 모든 관계이기 때문에 그 관계는 결코 사라질 수 없다. 이런 관계를 가진 사람은 과거에도 있었고 현재와 미래에도 존재할 것이다. 각 물질의 분자처럼 수많은 존재와 종족은 확실하게 보존될 것이다. 종족 보존의 동물적 본능은 강력하게 내재되어 있으니 걱정할 이유가 없다. 당신이 동물이라면 걱정할 아무런 이유가 없을 것이며, 또 당신이 물질이라면 물질의 영원성은 더욱 확실하게 보장되니 두려워할 것이 없다.

만일 당신이 동물적인 것이 아닌 어떤 것을 잃을까 두려운 것이라면, 그것은 태어나면서 가져온, 세계에 대한 이성적 의식의 특별한 관계를 잃을까 두려운 것이다. 하지만 당신은 그 관계가 출생과 함께 생긴 것이 아님을 안다. 그 관계는 동물적 출생과 무관하게 존재하는 것이므로 죽음과는 아무 상관이 없다.

XXXIII

눈에 보이는 삶은 무한한 생명 활동의 일부에 불과하다.

나와 모든 사람이 경험하는 세상에서의 삶은 다음과 같다고 생각된다.

나와 살아있는 모든 사람은 일정한 크기의 사랑을 가지고 세계에 대한 일정한 관계를 맺으며 세상을 산다. 처음에는 세계에 대한 이런 관계에서 우리 삶이 시작된다고 생각되지만, 자신과 타인들을 살펴보면 세계에 대한 관계와 우리 각자가 가진 사랑의 크기는 현재의 삶에서 시작되지 않았다. 우리가 육체적 출생을 통해 미지의 과거로부터 현재로 가지고 온 것이다. 뿐만 아니라, 우리 삶의 모든 흐름은 우리의 사랑이 끝없이 지속적으로 확장하고 커지는 과정인 동시에 육체적 죽음을 통해 우리 시야에서 그저 사라지는 것임을 우리는 안다.

눈에 보이는 삶은 윗부분과 아랫부분이 잘려 나간 원뿔의 단면과 같다. 원뿔의 윗부분과 아랫부분을 나는 알 수 없다. 원뿔의 가장 좁은 부분은 내가 처음으로 나 자신을 의식하는 세계에 대한 나의 관계이다. 원뿔의 가장 넓은 부분은 지금까지 내가 살고 있는 삶에 대한 높은 차원의 관계이다. 원뿔의 시작, 즉 원뿔의 윗부분은 나의 출생과 더불어 시간 속에서 시야에서 사라지고, 한없이 계속되는 원뿔의 아랫부분은 미래로 뻗어가면서 시야에서 사라져 내 육체적 삶과 육체적 죽음을 통해 모두 알 수가 없다. 원뿔의 윗부분도 원뿔의 아랫부분도 볼 수 없지만 눈에 보이는 내 삶이 지나갔던 기억을 더듬어 원뿔의 각 부분의 확실한 본질을 파악할 수 있다. 처음에는 위와 아래가 잘려나간 원뿔의 나머지 부분이 내 삶의 전부인 것으로 생각했다. 그러나 참된 삶이 진행되면서 내 삶의 근원이 경계 너머 저편에 있다는 것을 알게 되었다. 삶이 흐를수록 볼 수 없는 과거와 내가 긴밀히 연결되어 있음을 더 생생하고 분명하게 느끼게 되었다. 다른 한편 내 삶의 근원이 눈에 보이지 않는 미래에 기초하고 있고 내가 미래와 긴밀하게 연결돼 있음을 더 생생하고 분명하게 느낀다. 따라서 볼 수 있는 세상의 삶이 분명히 존재하지만 그것은 현재의 내가 의식하지 못하는 전체의 일부이며, 출생에서 죽음에 이르는 작은 부분에 불과하다는 것을 나는 안다. 따라서 육체가 태어나기 전과 죽은 후에 생명이 보이지 않듯, 보이던 생명이 사라져도 태어나기 전이나 죽은 이후에도 생명이 존재한다는 내 확신을 없애지 못한다. 주변 세계를 향해 준비된 사랑의 본성을 지니고 나는 삶으로 들어온다. 길든 짧든 내 육체적 삶은 내가 세상에 가져온 사랑을 키우는 과정이다. 따라서 내가 태어나기 전에도 살았고 지금 이렇게 생각하며 존재하는 이 순간 이후에도, 내 육체적 죽음 이전이나 이후 모든 순간을 살 것이라는 확실한 결론을 내릴 수 있다. 주변 타인들(모든 생명체를 포함하여)의 육체적 삶의 시작과 끝을 보면, 어떤 삶은 길고 어떤 삶은 짧으며 어떤 삶은 먼저 나타나 길게 존속하고 어떤 삶은 뒤늦게 나타나 짧게 살다가 내 시야에서 사라지지만, 모든 삶에는 참된 삶의 법칙, 즉 생명의 빛을 널리 비추는 사랑의 확장이 있음을 보게 된다. 내 시야의 장막은 더 빠르거나 더디게 내려지겠지만 사람들의 일시적 삶의 흐름, 모든 인생은 다른 모든 생명처럼 똑같이 시작도 끝도 없다. 더 길거나 짧게 사는 것이 참된 삶 속에선 아무 차이도 없다. 오래 산 사람이 짧게 산 사람보다 활동적 삶을 살았다고 볼 수는 없다. 창가를 지나는 사람을 보았다고 치자. 천천히 지나가든 빠르게 지나가든 상관없이, 창가에서 그 사람을 보기 전부터 그는 존재했고, 내 창문을 지나 내 시야에서 사라진 이후에도 그는 계속 존재한다. 삶도 이와 같다.

그런데 왜 어떤 사람은 빨리 가고 다른 사람은 천천히 지나갈까? 정신적으로 굳어버리고 메말라 사랑을 확장시키는 인생 법칙을 수행할 수 없을 듯 보이는 노인은 계속 살아 있고, 이제 막 세계에 대한 자신의 올바른 관계를 확립하려는 어린이, 청년과 소녀처럼 충만한 정신력을 지닌 사람이 왜 먼저 육체적 삶을 떠날까?

파스칼과 고골의 죽음은 그래도 납득할 만하다. 하지만 세니에나 레르몬토프 그리고 훌륭한 위업을 달성할 것으로 촉망받던 수많은 사람이 내적 작업을 시작하자 바로 세상을 떠난 것을 어떻게 이해해야 하는가?

그러나 이것은 어디까지나 우리 생각이다. 다른 사람들이 이 세상으로 가져온 생명의 근원에 관해 우리는 전혀 모른다. 세상에서 완성된 생명의 활동도, 각 존재 내면에 존재하며 생명의 활동을 방해하는 요소도, 그리고 가장 중요한 것으로, 그 사람의 삶이 다른 존재 속에서 형성되도록 만드는 보이지 않는 생명의 조건을 우리는 전혀 알지 못한다.

대장장이가 일하는 모습을 보면, 우리 눈에는 편자가 거의 완성되어 두어 번만 더 두드리면 완성될 것 같아 보인다. 그러나 편자가 아직 덜 단련되었다는 것을 아는 대장장이는 편자를 다시 불에 달구어 더 두드린다.

참된 생명이 그 사람 내면에서 완성되는지 그렇지 않은지 우리는 알 수 없다. 우리는 오로지 자신에 관해 알 뿐이다. 죽을 필요가 없는데 그 사람이 죽는다고 생각되지만 그렇지 않다. 행복을 위해 필요할 때 성장하여 어른이 되듯이, 인간은 자신의 행복을 위해 필요한 그 순간에 죽는다.

생명이란 말이 생명과 유사한 무엇이 아니라 실제 생명 그 자체이고, 참된 생명이 모든 것의 기본이 된다면, 모든 것의 기본인 생명은 스스로 만든 결과물에 좌우되지 않는다. 이것은 결과에서 원인이 나올 수 없는 것과 같고, 생명의 모습이 변했다고 참된 생명의 흐름이 끝날 수 없는 것과 같다. 이 세상에서 시작되었으나 아직 완성되지 않은 생명 활동이 종기가 나고 박테리아에 감염되었거나 총에 맞았다고 중단될 수는 없는 것이다.

이 세상에서 인간은 참된 생명의 행복이 더 커질 수 없을 때 죽는다. 폐가 아프거나 암에 걸렸거나 총을 맞거나 폭탄이 떨어져서 죽는 게 아니다. 보통 우리는 육체적 삶을 사는 것이 자연스럽고, 화재, 수해, 추위, 번개, 질병, 총이나 폭탄에 의해 죽는 것은 부자연스럽다고 생각한다. 그러나 인생을 객관적으로 보고 좀더 진지하게 생각하면 이와 정반대라는 사실을 깨닫는다. 오히려 이 파괴적 조건들, 숱한 살인과 수많은 세균이 만연한 가운데 육체적 삶을 사는 것이 정말 부자연스럽다. 차라리 죽는 게 자연스럽다. 따라서 유물론적 의미에서 육체적 삶이 가장 부자연스럽다. 우리가 살아있는 것은 자신을 잘 돌보기 때문이 아니라, 이러한 모든 조건을 따르는 삶의 과업이 우리 내면에서 수행되고 있기 때문이다. 삶의 과업이 완성되면 그 무엇도 죽음으로 마무리되는 인간의 동물적 삶의 소멸을 막을 수 없다. 이럴 때 사람들은 항상 육체적 죽음의 여러 이유 중 가장 가까이 늘 곁에 있는 이유 하나를 들어 그 죽음의 유일한 이유라고 생각하게 된다.

참된 삶은 존재하고, 그 유일한 참된 삶을 통하여 우리는 동물적 삶을 이해한다. 만일 참된 삶을 닮은 동물적 삶이 불변의 법칙에 따른다면, 그 닮은꼴을 만드는 참된 삶도 불변의 법칙에 속하지 않겠는가?

하지만 외부 현상의 원인과 작용을 이해하는 것처럼 참된 생명의 원인과 작용을 우리가 이해하지 못한다는 것이 당혹스럽다. 이 사람은 어떤 이유로 이런 본성의 자아를 지닌 채 태어나고 또 저 사람은 어떤 이유로 저런 본성의 자아를 지닌 채 이 세상에 태어나며, 또 이 인생은 왜 소멸되고 저 인생은 왜 지속되는 걸까? 우리는 스스로 묻는다. 내가 존재하기 전 내가 태어나게 된 어떤 이유가 있을까? 내가 어떻게 사느냐에 따라 죽음 후의 세계가 달라질까? 이런 물음에 답을 찾지 못해 아쉬워한다. 하지만 태어나기 전과 죽은 후의 삶을 알 수 없다는 아쉬움은 내 시야 밖을 볼 수 없다는 아쉬움과 같다. 만일 내 시야 밖을 볼 수 있다면 내 시야 안은 볼 수 없을 것이다. 사실 나의 동물적 행복을 위해서라면 내 주변을 잘 보는 것이 더 필요하다.

내가 세상을 이해할 수 있도록 해주는 이성도 이와 같다. 만일 내가 이성의 경계 밖을 볼 수 있다면 이성의 경계 내부를 못 볼 것이다. 내 참된 생명의 행복을 위하여 무엇보다 바로 지금 여기에서 삶의 행복을 얻기 위하여 동물적 자아가 무엇을 따르게 해야 할지 알아야 한다. 이성은 내게 그 길을 열어 준다. 이성은 내 행복이 사라지지 않을 유일한 삶의 길을 내게 열어 준다.

삶은 태어날 때 시작된 것이 아니라 과거에도 존재했으며 미래에도 항상 존재하는 것이라고 이성은 확실하게 알려 준다. 또한 삶의 행복이 이곳에서 더 이상 감당할 수 없을 만큼 자라고 커졌을 때, 행복이 더 커지는 걸 막는 모든 조건에서 벗어나 다른 존재 방식으로 이동하는 거라고 이성이 알려 준다.

이성은 사방이 벽으로 둘러싸인 가운데 원추형으로 점점 넓어지는 터널 같은 유일한 삶의 길 위에 인간을 세우고 저 멀리에 있는 삶과 삶의 행복이 가지는 영원함을 인간에게 보여준다.

XXXIV

**세상 사람이 겪는 숱한 고통을 설명할 수 없다는
사실이 인생이 출생으로 시작해 죽음으로 끝나는
동물적 자아의 삶이 아님을 가장 확실히 증명한다.**

죽음을 두려워하거나 생각하지 않는다 해도, 납득할 수도 피할 수도 없는 무시무시하고 무의미한 온갖 고통에 인간이 시달리는 것을 보면 삶에 관한 모든 합리적 의미는 사라져 버린다.

다른 사람을 위해 좋은 일을 하다가 갑자기 병에 걸려 일이 중단된다. 또 의미도 없고 이해할 수 없는 이유로 고통을 받고 괴롭힘을 당한다. 철도 레일의 나사가 아주 녹슬어 나사가 튕겨져 나가던 바로 그날, 마침 그 기차에 타고 있던 선량한 여인, 아이 엄마가 제 자식들이 기차에 깔리는 것을 직접 보아야 했다. 리스본이나 베르누이 등의 도시에서 지진이 일어나 무고한 사람들이 산 채로 땅 속에 생매장되어 끔찍한 고통 속에 죽어야 했다. 도대체 이것이 어떤 의미를 갖는가? 무엇 때문에, 어째서 아무 의미도 없는 이토록 끔찍한 불의의 고통이 사람을 수 없이 괴롭힐까?

그 어떤 이론적 해석도 설명을 하지 못한다. 이런 모든 현상에 관한 이론적 설명은 항상 문제의 핵심을 벗어나기 때문에 문제 해결이 불가능함을 확신하게 한다. 내가 병에 걸린 것은 어디선가 어떤 세균에 감염되었기 때문이고, 아이들이 엄마가 보는 앞에서 기차에 치여 죽은 것은 철로의 철에 습기가 작용했기 때문이며, 베르누이에 지진이 난 것은 어떤 지질 법칙 때문이라고 설명한다. 그러나 왜 하필이면 그 사람들이 그 무시무시한 고통을 겪어야 하고, 어떻게 나는 그 고통을 피한 것일까?

이 질문에 대한 답도 알 수 없다. 오히려 답을 찾으려 할수록, 어떤 이는 고통을 겪고 다른 이는 재앙의 고통을 겪지 않는 이유를 설명해 줄 어떤 법칙도 있을 수 없다는 것이 분명해진다. 숱한 고통이 존재하고, 그래서 아무리 노력해도 매 순간 고통을 피할 수 없다는 것이 분명하다.

만일 사람들이 자신의 세계관에서 비롯된 필연적 결론만을 내린다면, 인생을 개인적 생존으로 인정하는 사람은 단 한 순간도 살 수 없을 것이다. 주인이 새 일꾼을 고용할 때, 이제 막 일하러 온 일꾼이 보는 앞에서 아무 설명도 없이 한 일꾼을 천천히 불로 데리고 가 일꾼의 맨살을 지지고 산 채로 살갗을 벗기며 힘줄을 뽑는 등 온갖 만행을 저지르면서 그것이 자신의 권리라고 말한다면, 그 주인에게 고용되기를 바라는 일꾼은 한 명도 없을 것이다. 만일 인간이 인생을 매 순간 닥칠 주변의 온갖 괴로움과 설명할 수 없는 고통스런 공포로 이해한다면, 그 누구도 이 세상에서 살고 싶지 않을 것이다.

잔인하고 무의미한 고통이 가득한 삶을 벗어나기 위해 자살할 수 있는데도, 자살을 위한 방법을 알고 있는데도 사람들은 고통으로 푸념하고 울부짖으며 여전히 살아간다.

삶에는 고통보다 쾌락이 더 많기 때문에 사람들이 이렇게 삶을 지속한다고 말할 수는 없다. 왜냐하면 첫째, 삶에 관해 단순히 생각하거나 철학적으로 사유해도 분명히 알 수 있듯이 지상의 모든 삶은 쾌락으로 보상받을 수 없는 고통의 연속이기 때문이다. 둘째, 죽을 때까지 줄어들기는커녕 더 심해지는 고통에 시달리는 상황에서도 사람들은 자살하지 않고 삶을 산다는 것을 자신과 다른 사람들의 삶을 보아도 잘 알 수 있기 때문이다.

고통 속에서도 잘 살아가는 이 이상한 모순을 설명할 수 있는 것은 단 한 가지뿐이다. 모든 사람이 영혼 깊이 인생의 행복을 위해 항상 고통이 필요하다는 걸 안다는 사실이다. 바로 그렇기 때문에 고통을 예상하거나 겪으면서도 살아간다. 사람들이 고통에 저항하는 것은 자아의 행복만을 찾는 잘못된 인생관 때문이다. 확실하게 행복을 보장하지 않는 고통, 즉 행복의 파괴를 이해할 수 없어 불안한 것이다.

그래서 사람들은 고통을 두려워하고, 고통을 당했을 때 예상치 못한 일을 겪은 것처럼, 이해할 수 없는 일을 겪은 것처럼 놀란다. 하지만 인생은 고통의 연속이고, 모든 사람은 고통 속에서 성장한다. 인간은 스스로 고통을 겪고 또 타인들에게 고통을 주며 살아간다. 이제는 고통에 익숙해져서 더 이상 고통을 두려워하거나 도대체 왜 이런 고통을 겪는지 자문하지 않을 때가 되지 않았을까? 누구나 조금만 생각해 보면 자신의 모든 쾌락이 다른 존재들이 겪는 고통의 대가이며, 모든 고통은 쾌락을 위해 필요한 것이고 고통 없이는 쾌락도 없으며 고통과 쾌락은 서로 발생 원인이 되고 서로 필요한 양극단 상태의 핵심임을 깨닫는다. 그렇다면 이성적 사람에게 "도대체, 무엇 때문에 고통이 존재하는가?"라는 물음은 무엇을 의미하는가? 고통이 쾌락과 연관된다고 아는 사람이 스스로 "도대체, 무엇 때문에 쾌락이 존재하는가?"라고 묻지 않고

"도대체, 무엇 때문에 고통이 존재하는가?"라고 묻는 까닭은 무엇인가?

동물의 삶과 동물 같은 인간의 삶은 끝없는 고통의 연속이다. 동물과 마찬가지로, 인간과 동물의 모든 활동은 고통 때문에 일어난다. 고통은 병적 감각이므로 이 감각을 없애려고 쾌락을 일으키는 활동을 한다. 동물의 삶과 동물 같은 인간의 삶은 고통에 의해 파괴되지 않으며, 오히려 고통을 통해 완성된다. 고통은 삶을 이끄는 원동력이어서 존재하는 것이고, 고로 존재해야만 한다. 그런데도 고통이 무엇 때문에 왜 존재하느냐고 질문한다면 그 사람은 도대체 무엇을 묻는 것일까?

동물은 이런 질문을 하지 않는다.

굶주린 농어가 잉어를, 거미가 파리를, 늑대가 양을 잡아먹으려 괴롭힐 때 동물들은 마땅한 일을 하는 것이며 당연한 일이 이루어지는 것임을 안다. 농어, 거미와 늑대 역시 더 강한 동물에 의해 고통을 받을 때, 피하고 반항하며 도망치면서도 당연한 일임을 알고 순리대로 모든 일이 이루어진다는 것을 조금도 의심하지 않는다. 그렇지만 인간은 이 동물들과는 완전히 다르다. 전쟁터에서 다른 사람의 다리를 잘랐으면서도 자신의 다리가 잘리면 제 다리 치료에만 매달리고, 다른 사람들을 직간접적으로 감옥에 넣었으면서도, 자신이 감옥에 가면 감옥의 파란 독방에서 최대한 편히 지내고자 온갖 노력을 한다. 수많은 동물을 잡아먹었으면서도 자신이 늑대 무리에게 잡아먹히게 되면 어떻게든 도망치려고 혼신의 힘을 다해 발버둥친다. 이런 사람은 자신에게 일어난 모든 일이 당연하다고 인정할 수가 없다. 자신에게 일어난 일이 당연한 것이라고 인정할 수 없는 이유는 당면한 고통을 겪으면서 자신이 당연히 해야 할 일을 다 하지 않았기 때문이다. 자신이 마땅히 해야 할 일을 하지 않은 채 인간은 자신에게 일어나지 않아야 할 일이 일어났다고 생각하는 것이다.

그렇다면 늑대에게 잡아먹히게 되었을 때, 인간은 발버둥치며 도망가는 대신 어떻게 해야 한단 말인가? 이성적 존재인 인간은 인간이 당연히 해야 할 일, 즉 고통을 불러온 자기 죄를 인정하며 참회하고 진리를 깨달아야 하는 것이다.

동물은 오직 현재에만 고통을 느끼기 때문에, 그 고통을 벗어나기 위한 현재의 행동은 즉각적으로 고통받는 동물을 충족시킨다. 그러나 인간은 현재뿐 아니라, 과거와 미래에 대해서도 고통을 받는다. 따라서 인간의 고통으로 생기는 활동이 오직 동물적 인간의 현재만을 향한다면 인간은 만족할 수 없다. 고통의 원인과 결과, 과거 그리고 미래를 향한 활동만이 고통받는 인간을 만족시킬 수 있다.

동물은 우리에 갇히면 나오려 하고, 다리가 부러지면 아픈 곳을 혀로 핥으며, 다른 동물의 먹이가 될 상황이면 도망치려 애쓴다. 외부의 힘에 의해 동물의 삶의 법칙이 파괴되면 동물은 그것을 회복하기 위해 집중하기 때문에 당연히 해야 할 바가 순리대로 이루어진다. 그러나 인간의 경우는 그렇지 않다. 자신이나 가까운 사람이 감옥에 갇히거나 전쟁터에서 다리를 잃거나 늑대에게 잡아먹히게 될 때 감옥에서 탈출하거나 다리를 치료하거나 늑대로부터 도망치는 데만 집중함으로써 현재의 자신을 충족시키지 못한다. 왜냐하면 감옥에 갇히거나 다리를 다치거나 늑대에게 잡아먹히는 것은 현재 자기 고통의 아주 작은 부분에 지나지 않기 때문이다. 나는 내 고통의 원인이 과거에 있으며 나와 타인들의 잘못에 있다고 여긴다. 따라서 나의 행동이 고통의 원인인 잘못을 향하지 않고 잘못에서 벗어나려 하지 않는다면 나는 내가 당연히 해야 할 일을 하지 않는 것이다. 결국 나에게 고통은 당연한 것으로 인정되지 않고, 현실뿐 아니라 상상 속에서도 무섭게 커져서 살 수 없을 지경에 이르게 된다.

동물이 고통을 느끼는 원인은 동물의 삶의 법칙이 지켜지지 않았기 때문이다. 동물의 삶의 법칙을 위반하는 것은 아픔을 인식하는 것으로 표현되고, 행동은 아픔을 없애기 위해 집중된다. 이성적 의식을 가진 사람의 경우 고통의 원인은 이성적 의식의 삶의 법칙이 침해받았기 때문이다. 이성적 의식의 법칙이 침해되는 것은 잘못, 즉 죄를 의식하는 것이며, 이것으로 생기는 행동은 잘못, 즉 죄를 없애는 데 집중된다. 고통이 동물로 하여금 견디기 어려운 아픔에서 벗어나기 위해 집중된 활동을 하게 하는 것처럼, 이성적 의식을 가진 사람의 고통은 방황을 해결하기 위해 집중된 활동을 하게 하여, 그를 덜 고통스럽게 만든다.

우리가 고통을 겪거나 당한다고 상상할 때 생기는 '왜, 무엇 때문에'라는 질문은 단지 고통을 통해 우리가 일깨워야 할 행동 그리고 괴로움의 고통에서 벗어나게 해 줄 행동을 인식하지 못하게 한다. 동물적 생존을 삶이라고 인정하는 사람은 고통에서 벗어나게 할 행동을 할 수가 없는데, 자신의 삶을 이해하는 폭이 좁으면 좁을수록 그런 행동은 더 줄어든다.

삶을 자아 중심적 생존이라고 인정하는 사람이 고통의 원인이 자신의 잘못에 있다고 깨닫게 되면, 즉 자신이 병에 걸린 이유가 해로운 음식을 먹었기 때문이며, 자신이 얻어맞게 된 것은 싸움을 벌였기 때문이고, 자신이 굶주리고 헐벗은 이유는 일하기 싫어했기 때문이라고 이해하게 되면, 해야 할 바를 행하지 않았기 때문에 고통받는다는 것을 깨닫고 이후 잘못을 더 이상 행하지 않고자 행동하며, 잘못을 저지르지 않고자 노력하고, 고통에 놀라기보다는 가벼운 마음으로 기꺼이 고통을 감수하게 되는 것이다. 그러나 고통과 잘못의 관계를 알 수 없는 경우, 다시 말해 고통이 자신이나 타인을 위해 필요하지 않거나 자신과 무관한 외적 이유 때문이라고 생각할 경우, 고통이 부당하다고 느낀다. 어떻게 해야 하는지 알 수 없어서 고통에 저항하고 분개하면서 끔찍한 고통을 느낀다. 그리고 도대체 왜 이런 고통이 생기는지 자문하게 된다. 고통은 대부분 항상 이렇다. 종종 고통의 원인과 결과 모두 시간과 공간 속에서 사라져 알 수가 없다. 치명적 유전병, 불의의 사고, 흉년, 기차 전복사고, 화재와 지진 등이 그런 예이다.

이런 고통은 자손들에게 질병을 물려주는 탐욕의 죄에 빠지지 않기 위한 것이고, 기차를 더욱 견고하게 제작하도록, 또 화재를 조심하도록 하기 위한 것이라는 설명은 나에게는 아무런 해답도 주지 않는다. 내 인생의 의미가 타인의 부주의 때문이라고 인정할 수는 없다. 내 인생은 행복을 추구하는 내 인생일 뿐, 다른 사람들의 삶을 위한 어떤 증거일 수는 없다. 그러한 설명은 이야기를 위해 유용할 뿐, 목숨을 앗아가는 의미 없고 끔찍한 고통의 공포를 줄이지는 못 한다.

자신의 잘못으로 인해 다른 사람을 고통스럽게 하고 다른 사람 잘못의 대가로 자신이 고통받는다고 하더라도, 그리고 이승의 모든 고통은 사람들에게 자신의 잘못을 바로 잡을 수 있는 지침을 보여준다고 해도, 수많은 고통을 설명할 수는 없다. 숲 속에서 사람이 늑대에게 잡혀 먹히든, 물에 빠져 죽든, 얼어 죽거나 타 죽든, 외로이 병들어 죽든, 그가 얼마나 고통을 느꼈을지 그 누구도 결코 알지 못할 것이다. 그런 경우는 수없이 많을 것이다. 이 고통이 누구에게 이로울 수 있을까?

자신의 인생이 동물적 생존을 위한 것이라고 이해하는 사람에게 고통에 관한 설명은 존재하지 않으며 존재할 수 없다. 왜냐하면 그 사람들에게 고통과 잘못의 관계는 눈에 보이는 현상일 뿐이며 죽음 앞에서 고통과 잘못의 관계는 그의 생각에서 완전히 사라지기 때문이다.

인간은 양자택일이 가능할 뿐이다. 자신이 겪는 고통과 인생의 관계를 인정하지 않으며 무의미하고 끔찍한 숱한 고통을 그저 감내하든, 자기 잘못과 죄가 고통의 원인이라는 것을 인정하고 고통을 자신과 타인들의 죄에 대한 속죄로 인정하는 것이다.

고통에 대한 태도는 이렇게 두 가지 뿐이다. 첫째는 외적 이유를 알 수 없으니 고통은 부당한 것이라는 입상이나. 둘쌔는 참된 삶의 내적 의미를 알고 있기 때문에 고통은 당연한 것이라는 입장이다. 첫 번째 입장은 내 개인적 삶의 행복만이 행복이라고 생각하는 데서 시작된다. 두 번째 입장은 모든 사람과 다른 모든 존재의 행복과 긴밀하게 연결된 자신의 과거와 미래의 모든 행복을 행복으로 인정하는 데서 출발한다. 첫 번째 입장에서 고통은 끝없이 절망과 악의를 키울 뿐, 고통에 관한 어떤 설명도 하지 못하고 어떤 행동도 일으키지 못한다. 두 번째 관점에서, 고통은 죄를 인정하고 잘못에서 벗어나 이성을 따르는 참된 삶의 움직임이 되는 바로 그 행동을 불러일으키게 된다.

이성만이, 고통의 괴로움이 자발적이든 아니든 삶을 한 사람의 동물적 자아로 충족시키지 못한다는 것을 인정하게 만든다. 자아는 자기 삶의 일부에 지나지 않는다. 그리고 개인의 겉으로 드러나 보이는 원인과 실제의 관계는 이성적 의식을 통해 항상 인식할 수 있는 내면의 원인과 실제의 관계와는 상충한다는 것을 인정할 수 밖에 없는 것이다.

동물은 오직 시공간적 조건 속에서 잘못과 고통의 관계를 보지만 인간은 시공간을 초월하여 자신의 의식 속에서 이런 관계를 명확하게 인식한다. 인간은 어떤 고통이 닥쳐도 그 고통이 자기 죄의 결과이고, 자기 죄에 대한 속죄야말로 고통에서 벗어나 행복을 얻기 위한 길이라고 항상 인식한다.

어린 시절부터 모든 인간은 고통을 통해 죄를 깨닫고 잘못에서 벗어나는 과정을 경험한다. 나는 진리를 깨달은 채 이 세상에 태어났음을 안다. 내 잘못이 많을수록 나와 타인들이 더 많은 고통을 겪는다는 것, 내 잘못이 적을수록 나와 타인들의 고통이 줄고 내가 더 큰 행복을 얻는다는 진리를 나는 알고 이 세상에 왔다. 따라서 마지막 순간 죽음 직전의 고통을 통해 이 세상에서 갖고 떠나게 될 진리가 크면 클수록, 나는 더 큰 행복을 얻게 될 것임을 알고 있다.

고통의 괴로움은, 오로지 자신을 세상과 분리하여 세상에 초래한 고통을 만든 자신의 죄는 보지 못하고 스스로 죄가 없다고 생각하는 사람들이 겪는 것이다. 즉 이들은 세상의 죄로 말미암아 치러야 했던 고통을 받아들이지 못한 것이다.

놀랍게도 이성적으로 확실하고 의미있는 것은 삶의 유일하며 참된 행동인 사랑을 통해서만 확인된다는 것이다. 이성은 자신의 죄와 고통, 세상의 죄와 고통의 상관관계를 인정하는 사람에게 견디기 어려운 고통에서 벗어날 수 있다고 알려주고, 사랑은 그것을 실제로 확인시켜 준다.

모든 사람의 삶의 절반은 고통 속에서 흘러가지만, 그들은 고통을 아예 고통이라고 생각하지 않으며 견디기 힘들다고 느끼지 않을 뿐 아니라, 고통을 자신의 잘못의 결과라고 받아들이고, 사랑하는 사람들의 고통을 줄이기 위해 고통을 감내하기에 고통을 행복이라고 여긴다. 따라서 사랑이 적을수록 고통은 힘겹고 사랑이 많으면 많을수록 고통은 가볍다. 삶은 완전히 이성적인 것이며, 사랑을 통해 나타나는 삶의 모든 행동들은 온갖 고통으로부터 인간을 해방시켜 준다. 견딜 수 없는 고통이란 인간의 삶과 세계의 삶을 연결하는 선조와 후손, 동시대인들에 대한 사랑의 연결고리를 끊으려 할 때 겪는 아픔이다.

XXXV

육체적 고통은 인생과 행복의 필수 조건이다.

"그래도 여전히 아픕니다. 몸이 아파요. 이 고통은 무엇을 위한 것입니까?"

인간은 이렇게 묻는다.

"우리에게 고통이 필요할 뿐만 아니라, 또 우리는 이러한 고통 없이 살 수 없기 때문이지요." 우리에게 고통을 주었지만 가능한 한 고통을 덜어주고 '고통'에 의해 행복이 최대가 될 수 있도록 만든 이가 대답할 것이다.

우리는 잘 안다. 처음 느꼈던 고통의 감각은 우리의 몸을 지키고 생명을 지속시켜 주는 중요한 첫 수단이다. 고통을 느끼지 못했다면 어린 시절 장난을 하다가 우리 모두 불타 죽었거나 스스로 몸을 갈기갈기 찢어버렸을 것이다. 육체의 고통은 동물적 자아를 보호한다. 어린 아기처럼 고통이 자아를 보호

할 때 그것은 우리가 생각하는 큰 괴로움이 아니다. 이성적 의식이 충만할 때 고통이 부당한 것이라고 여기며 저항하면 무시무시한 고통이라 느낀다. 동물이나 어린 아기가 느끼는 고통은 제한된 작은 고통으로서 이성적 의식을 가진 사람이 느끼는 견딜 수 없는 고통에는 비할 수 없다. 우리가 보듯이 어린 아기는 벼룩에 물리면 마치 내장이 터지기라도 한 것처럼 가엾게 울어댄다. 그러나 비이성적 존재가 느끼는 고통은 기억 속에 아무런 흔적을 남기지 않는다. 누구나 어린 시절의 고통을 떠올리려 해도 기억나지 않고, 그런 고통을 상상하는 것조차 불가능함을 알게 된다. 어린 아기나 동물의 고통을 보는 우리 마음은 아기나 동물이 느끼는 고통 이상으로 고통스럽다. 비이성적 존재들은 실제로 느끼는 고통보다 훨씬 더 강하게 고통을 밖으로 표현하기 때문에 마치 뇌 질환, 열병, 장티푸스 등 온갖 죽을병에 시달리는 사람에게서나 느낄 만한 큰 동정심을 불러일으킨다.

아직 이성적 의식이 깨어나지 않고 고통이 동물적 자아를 보호하는 역할만을 할 때, 고통은 견딜 만하다. 인간의 내면에 이성적 의식의 가능성이 존재하고 그것이 동물적 자아가 이성적 의식을 따르는 수단이 되면, 이성적 의식이 깨어난 정도에 따라 고통은 조금씩 사라진다.

사실, 이성적 의식을 완전히 갖게 될 때 우리는 비로소 고통에 관해 이야기할 수 있다. 왜냐하면 이때 삶이 시작되고 우리가 고통이라고 부르는 삶의 상태가 시작되기 때문이다. 바로 이 상태에서 고통에 대한 우리 감각은 무한히 극대화되거나 무한히 최소화될 수 있다. 실제로 생리학을 연구하지 않아도, 감각에는 한계가 있어서 고통이 한계에 이르면 감각이 사라져, 기절하며 의식이 흐려지고 열이 나거나 죽음에 이른다는 것을 안다. 고통의 크기는 한계가 명확하여 경계를 넘지 않는다. 고통의 감각은 우리가 고통을 어떻게 받아들이느냐에 따라 무한히 커질 수도 무한히 작아질 수도 있다. 인간은 고통을 정복할 수 있고 고통이 당연한 것이라고 여기며 고통을 느끼지 않고 기쁜 마음으로 고통을 감내할 수 있음을 우리 모두는 안다. 순교자들이나 화형을 당하면서 노래를 불렀던 후스*는 말할 것도 없고, 평범한 사람도 자신의 용기를 드러내기 위해 최고로 고통스러운 수술을 비명 한 번 지르지 않고 떨지 않으며 견디기도 한다. 고통에 대한 감각의 최고치는 있지만 고통에 대한 감각의 최소치는 존재하지 않는다. 자신

✱ Huss, Jan(1369?-1415) - 체코의 종교 개혁자로서 성서를 유일한 권위로 강조하고 고위 성직자들의 세속화를 강력히 비판하였다. 또한 체코 민족운동의 지도자로서 보헤미아의 독일화 정책에 저항했다. 1414년 콘스탄츠 공의회에 소환되어 화형에 처해졌다. (역자 주)

의 삶을 육체적 생존이라 여겼던 사람에게 고통의 괴로움은 무시무시하다. 고통의 괴로움을 없애라고 부여된 이성의 힘을 고통을 증대시키는 데만 사용하니 어찌 그 고통이 무시무시하지 않겠는가?

태초에 신이 인간의 수명을 70세로 정했으나, 그것이 인간에게 좋지 않다고 생각하고 지금처럼 인간이 죽을 때를 알 수 없도록 수명을 다시 조정했다는 플라톤의 신화가 있다. 마찬가지로 태초에 고통을 느낄 수 없는 인간이 창조되었으나, 나중에 신이 인간의 행복을 위해 지금처럼 고통을 느낄 수 있도록 재창조했다는 신화가 있을 만하다.

만일 신이 고통을 느끼지 못하는 인간을 창조했다면 아마 인간은 바로 고통의 감각을 달라고 신에게 청했을 것이다. 출산의 고통이 없다면 여인들이 아이들을 많이 낳아도 아주 적은 수의 아이만 살아남았을 것이다. 고통의 감각이 없다면 아이들과 젊은이들은 자신의 육체를 망가뜨렸을 것이며, 어른은 다른 사람의 잘못을 알지 못하고 옛사람이나 현대 사람의 잘못도 알지 못하며 가장 중요한 자기 잘못도 결코 알지 못했을 것이다. 인간은 이 세상에서 무엇을 해야 할지 알지 못하고 이성적 행동의 목표가 없었을 것이며, 다가올 육체적 죽음에 관한 생각을 받아들이지 못하고, 사랑도 못했을 것이다.

자아가 이성의 법칙을 따르는 것이 인생이라고 인정하는 사람에게 고통은 해로운 것이 아니다. 고통은 동물적 삶뿐만 아니라 이성적 삶의 필수 조건이 된다. 만일 고통이 없다면 동물적 자아는 자신의 법칙에서 벗어났을 때 아무런 지침을 갖지 못할 것이다. 또한 이성적 의식이 고통을 겪지 않으면 사람은 진리를 알지 못하고 자신의 법칙도 깨닫지 못했을 것이다.

하지만 당신은 나의 이 견해에 대하여 자신의 개인적 고통에 대해서만 이야기할 뿐이며 타인의 고통은 어떻게 부정할 것이냐고 반문할 수 있다. 타인들이 고통을 당하는 모습을 보는 것이야말로 가장 큰 고통이 아니겠느냐고 진심인 듯 말할 것이다. 타인이 겪는 고통이라고? 당신이 고통이라고 말하는 타인의 고통은 중단된 적이 없으며 결코 중단되지 않는다. 사람과 동물의 온 세상은 고통으로 가득 차 있으며 끊임없이 고통을 겪는다. 오늘 갑자기 그 사실을 알게 된 것인가? 부상, 장애, 기아, 추위, 온갖 질병, 온갖 불의의 사고, 그리고 중요한 것으로 우리를 세상에 태어나게 해 준 출산의 고통, 이 모든 고통은 생존을 위한 필수 조건이다. 타인의 고통을 줄일 수 있도록 도와주는 것이 삶의 참된 행동이 추구하는 바이다. 타인의 고통을 이해하며 인간 잘못의 원인을 이해하고 고통을 줄이려는 모든 행동이야말로 인생의 유일한 과업이다.

왜냐하면 나를 비롯한 인간이 동물적 자아인 것은 다른 자아의 고통을 이해하기 위함이며, 내가 이성적 의식을 지니고 있는 것은 개별적 자아들의 고통 속에서 고통의 보편적 원인이 죄에 있음을 깨닫고 자신과 타인들 내면에서 그 죄를 없애기 위함이다. 노동이 어떻게 노동자의 고통이 될 수 있겠는가? 그것은 경작되지 않은 땅을 보는 것이 고통이라고 말하는 농부의 푸념과 같다. 경작되지 않은 땅을 고통스럽게 여기는 자는 경작된 땅을 보고 싶지만 땅을 경작하는 것은 제 일이 아니라고 생각하는 것이다.

고통받는 사람을 위해 사랑으로 봉사하고 고통의 원인인 죄를 없애기 위해 활동하는 것만이 유일한 기쁨이다. 그것만이 인간에게 생명이 깃든 완전한 행복을 선사한다.

인간의 고통은 하나뿐이다. 바로 유일한 행복이 존재하는 그 삶에 좋든 싫든 헌신해야 하는 고통이다.

이 고통은 자신과 전 세계의 죄에 대한 인식과 자신이 진리를 실현해야 한다는 의무감 사이에서 오는 모순된 의식이다. 세상의 죄에 합류하여 저지른 자신의 죄를 인정하지 않거나, 자신과 세계의 삶 속에서 모든 진리를 실현할 가능성과 의무가 없다고 생각한다면, 고통의 해소는 불가능하다. 전자는 자신의 고통을 더욱 커지게 할 뿐이고, 후자는 자기 삶의 활력을 앗아간다. 이 고통을 없애는 것은 참된 삶의 의식과 활동 뿐이며, 참된 삶의 의식과 활동은 인간이 인식하는 개인적 삶의 목적의 불균형을 바로잡는다. 자아가 출생에서 죽음으로 제한되지 않는다는 것을 자의든 타의든 인정해야 한다. 인간이 인식하는 목적은 달성 가능하고, 인간은 그 목적을 추구하는 과정에서 점점 더 자신의 죄를 인식하게 된다. 이로써 자신과 세계의 삶 속에서 진리를 실현하는 것이 세계와 불가분의 관계에 있는 자기 삶의 과업이고 현재에도 앞으로도 그럴 것임을 자의든 타의든 인정해야 한다. 이성적 의식뿐 아니라 인생의 의미를 알지 못해 헤매다 겪는 고통만이 인간으로 하여금 유일하며 진정한 인생의 길로 나아가게 한다. 그 길에는 장애물도 악도 존재하지 않고, 무엇으로든 파괴되지 않으며, 시작도 끝도 없이 더 커가는 행복만이 존재한다.

결론

인생은 행복을 추구하는 과정이고, 추구하는 것은 반드시 얻게 되어 있다.

육체적이며 동물적 존재를 자기 삶의 법칙으로 받아들일 때, 악은 죽음과 고통의 형태로 인간에게 드러난다. 인간이 동물의 수준으로 떨어졌을 때에만 그는 죽음과 고통을 보게 되는 것이다. 죽음과 고통은 사방에서 경고하여 인간을 인생의 유일한 길로 유도하는데, 바로 이 길이야말로 이성의 법칙을 따르고 사랑으로 표현되는 길이다. 죽음과 고통은 인간이 자기 삶의 법칙을 어길 때만 드러나는 본질이다. 자신의 법칙에 따라 사는 사람에게는 죽음도 고통도 없다.

"고생하며 무거운 짐을 진 너희는 모두 나에게 오라. 내가 너희에게 안식을 주겠다."※

"나는 마음이 온유하고 겸손하니 내 멍에를 메고 나에게

※ 마태복음 11장 28절

배워라. 그러면 안식을 얻을 것이다."✽

"정녕 내 멍에는 편하고 내 짐은 가볍다."✤

인생은 행복을 추구하는 과정이다. 추구하는 것은 반드시 얻게 되어 있다. 그것은 바로 죽음이 될 수 없는 삶, 악이 될 수 없는 선이다.

✽ 마태복음 11장 29절
✤ 마태복음 11장 30절

부록※

※톨스토이 자신의 부록으로 작품의 일부이다.(편집자 주)

부록 1

인간은 보통 자기 삶의 의식을 통해서가 아니라 자기 외부에서 삶을 고찰한다고 말한다. 그런데 이 말은 우리 눈으로가 아니라 우리의 외부에서 대상을 보는 것과 같다.

외부 대상이 보이는 것은 우리 눈에 대상이 보이기 때문이다. 그리고 우리가 외부 삶을 아는 것은 우리 내면에서 삶을 알기 때문이다. 우리 눈에 보이는 대로 대상을 보고 우리 내면이 아는 대로 외부 삶을 정의한다. 우리는 내면의 삶이 행복을 추구한다는 것을 안다. 따라서 행복 추구로 인생을 정의하지 않으면 인생을 제대로 관찰하거나 볼 수 없다.

예를 들어 우리가 생물을 파악하는 가장 중요한 첫 행동은 여러 대상을 하나의 생물 개념에 포함시키고, 그 생물을 다른 모든 생물과 분리하는 것이다. 우리가 이렇게 하는 것은 모두가 동일하게 파악하는 삶의 정의, 즉 '삶은 전 세계로부터 분리된 자신이라는 존재의 행복을 추구하는 것'이라는 정의를 바탕으로 하기 때문이다.

 말을 탄 사람을 우리는 수많은 존재로도, 하나의 존재로도 파악하지 않는다. 그 이유는 사람과 말의 모든 부분을 관찰한 결과가 아니다. 그것은 사람과 말의 머리나 다리와 같은 육체의 일부가 우리가 아는 개별적 행복을 추구하지 않기 때문이다. 말을 탄 사람을 하나의 생명체가 아니라 두 생명체로 파악하는 것은, 우리 내면에서 하나의 생명이 오직 하나의 행복을 추구한다고 알고 있어서 말을 타고 있는 사람의 경우 말과 사람이 서로 다른 두 개의 행복을 추구한다고 파악하기 때문이다.

 바로 이것을 통해 우리는 기사와 말이 함께 하는 삶이 존재하고 말 떼 속에도 삶이 존재하며 새 떼, 곤충, 나무와 풀에도 삶이 존재한다는 것을 안다. 말이 자신의 행복을 추구하고, 사람도 자신의 행복을 추구하며, 말 떼 속 각각의 말도 각자의 행복을 추구하고, 모든 새와 딱정벌레, 나무와 풀도 각자의 행복을 추구한다는 사실을 몰랐다면, 우리는 각 생명체의 독립된 개별성을 보지 못하고 각 생명체가 살아있다는 사실도 깨닫지 못했을 것이다. 기병연대나 새 떼나 곤충의 무리나 식물은 모두 바다의 파도 같았을 것이고, 어떤 삶도 찾을 수 없는 하나의 무의미한 운동으로 모든 세계가 하나로 섞

여있었을 것이다.

만일 내가 말, 개 그리고 개의 몸에 붙어있는 진드기를 생명체로 파악하고 그것들을 관찰할 수 있다면, 그것은 오직 말, 개 그리고 진드기가 각자 행복과 개별적인 목적을 갖고 있기 때문이다. 이것은 나 자신이 스스로 행복을 추구하는 존재이므로 파악할 수 있는 것이다.

이처럼 행복을 추구하는 과정 속에 삶에 관한 모든 인식의 근원이 있다. 인간이 내면에서 느끼는 행복을 추구하는 것이 삶이며 그것이 모든 삶의 특징이라는 사실을 인정하지 않고는 삶을 연구할 수도 관찰할 수도 없다. 따라서 삶에 대한 관찰은 이미 삶이 무엇인지 알게 되었을 때 시작되며, 어떤 경우에도 삶의 여러 양상에 관한 관찰이 (그릇된 학문이 가정하는 것처럼) 삶 그 자체를 정의할 수는 없다.

그러나 인간은 의식 속에서 찾을 수 있는 '행복 추구'라는 삶의 정의를 인정하지 않으며, 진드기의 행복 추구 가능성을 인정하면서 진드기가 추구하는 행복에 관한 근거 없는 가정을 바탕으로 삶의 본질에 관한 결론을 내리고 있다.

외적 삶에 관한 나의 이해는 나의 행복 추구에 관한 자각을 바탕으로 한다. 따라서 나의 행복이 무엇이고 나의 삶이 무엇인지 자각해야 다른 존재의 행복과 삶을 알 수 있게 된다. 자신의 행복과 삶을 모르는 상태에서 다른 존재의 행복과 삶을 결코 알 수 없다.

내가 추구하는 행복과 유사하지만 내가 알 수 없는 다른 행복의 목적을 추구하는 존재들을 관찰하는 것은 내게 아무런 설명도 해 주지 못할 뿐 아니라, 참된 삶을 파악할 수 없게 만든다.

자기 삶을 규정하지 못한 채 다른 존재의 삶을 고찰하는 것은 중심이 없는 원을 그리는 것과 같다. 확실한 중심의 한 점을 규정하고 나서야 원을 그릴 수 있다. 우리가 어떤 형태를 그린다 해도 중심이 없다면 원을 그릴 수 없다.

부록 2

 삶의 여러 현상을 연구하면서 삶 자체를 고찰하는 것처럼 가정하는 그릇된 학문은 그 가정만으로 삶의 개념을 왜곡한다. 따라서 그릇된 학문이 삶이라 칭하는 삶의 여러 현상을 고찰할수록 연구 대상인 삶의 개념에서 더 멀어진다.
 처음에는 포유류를 연구하고, 그 다음 척추동물, 어류, 식물류, 산호, 세포, 미생물 등 다양한 생명체를 연구하게 되면, 생물과 무생물의 차이가 사라지고 유기체와 무기체의 경계가 모호해지며 한 유기체와 다른 유기체의 경계가 사라지는 지경에 이르게 된다. 관찰할 수 없는 것이 가장 중요한 연구와 관찰의 대상이 되는 것이다. 볼 수 없고 그저 추측만 가능하며 오늘 발견하고 내일이면 잊혀질 것들, 이를테면 정충 속에 삶의 비밀과 모든 것에 대한 설명이 있다고 여긴다. 모든 만물에 관한 설명은 미생물 속에 포함되어 있는 생명체와 더 나아가 더 작은 생명체에 관한 설명으로 끝없이 이어진다. 이렇듯

무한히 작게 나누는 것은 무한히 확장하는 것처럼 무한하지 않다. 무한을 끝까지 작게 나누어 연구를 끝내야 비밀이 모두 밝혀지므로, 결코 비밀은 밝혀질 수 없다. 무한히 작게 나누면 답을 구할 수 있으리란 생각 자체가 잘못된 문제제기의 증거라는 것을 인간은 알지 못한다. 이것은 어리석음의 극치를 보여준다. 이 단계는 연구의 의미를 완전히 상실했음을 보여주며, 다른 한편 과학의 승리로 여겨지기도 한다. 앞이 전혀 보이지 않는 상태가 최고 시력의 단계로 평가되는 것이다. 막다른 골목에 봉착하여 지금까지 온 길이 거짓임을 밝혀내고도 그들은 기쁨에 환호한다. 현미경의 배율을 조금 더 올리면, 우리는 무기체에서 유기체로, 유기체에서 심리적인 것으로의 전환을 이해하게 되고 생명의 모든 비밀이 밝혀질 것이라 믿는 것이다.

대상 대신 대상의 그림자를 연구하는 사람들은 자신들이 연구했던 대상에 관해서는 완전히 잊어버린 채 점점 더 그림자에 집중하여 암흑에 도달하고는 그림자가 어둠과 연결되었다는 사실에 기뻐한다.

의식 속에 제시된 삶의 의미는 행복의 추구이다. 행복을 설명하고 더 명확하게 행복을 정의하는 것은 모든 인류의 중요한 삶의 목적이며 인생의 과제이다. 이는 놀이가 아니라 과업이며, 어려운 과제이다. 이 때문에 인간은 행복의 정의가 있어야 할 곳에 없다고, 즉 이성적 의식 속에서 행복의 정의를 찾을 수 없다고 생각할 뿐 아니라 행복의 정의가 제시되지 않은 곳에서만 그것을 찾을 수 있다고 생각한다.

필요한 내용이 써 있는 메모를 받고서도 읽을 줄 몰라서 메모를 던져버리고, 만나는 모두에게 그에게 필요한 것을 아는지 묻는 것과 같다. 인생이 행복 추구의 과정이라는 정의는 지울 수 없는 글자로 사람 마음 속에 각인되어 있다. 그러나 인간은 의식 내부를 제외한 모든 곳에서 인생의 정의를 찾아 헤맨다. "너 자신을 알라"라는 그리스의 격언에서 시작하여 인류의 선각자들은 오랫동안 이것을 이야기해 왔는데, 인류는 그와 정반대의 말을 하고 그렇게 행동하는 것이 정말 이상하다. 모든 종교적 교리는 인간이 얻을 수 있는 확실하고 거짓 없는 행복 추구 과정으로서의 삶의 정의와 다를 바 없다.

부록 3

이성의 목소리가 인간에게 더 분명하게 들려온다. 인간은 더 자주 이 목소리에 귀를 기울인다. 개인적 행복과 거짓된 의무를 요구하는 목소리보다 이성의 목소리가 더 강해지는 때가 오고 있는 것이다. 아니, 이미 때가 왔다. 한편 동물적 자아의 삶의 유혹은 행복을 주지 못한다는 것이 더 분명해진다. 다른 한편, 사람들이 말하는 의무의 수행이 인간의 유일한 의무를 다하지 못하게 만드는 속임수임이 더욱 분명해진다. 이 유일한 의무는 인간을 탄생하게 만든 이성과 행복의 근원을 찾는 것이다. 합리적 설명 없이 믿으라는 오래된 속임수는 이미 힘을 잃어버렸으며 다시 되돌릴 수가 없게 되었다.

이전에는 이렇게 말하였다.

"판단하지 말라. 우리가 정하는 의무를 믿으라. 이성은 당신을 기만할 것이다. 오직 믿음만이 참된 삶의 행복을 열어줄 것이다."

따라서 인간은 그렇게 믿으려 했고, 또 그렇게 믿었다. 그러나 사람들과 교류하면서 어떤 사람들은 완전히 다른 것을 믿고 있으며, 그것이 인간에게 더 큰 행복을 준다고 확신하고 있다. 이제 그 많은 신앙 중에서 어떤 것이 더 옳은지 결정해야 한다. 이 결정은 오직 이성만이 할 수 있다.

인간은 신앙이 아니라 이성을 통하여 항상 모든 것을 파악한다. 예전에는 이성이 아니라 신앙을 통해 모든 것을 파악한다고 주장하며 사람을 속일 수 있었다. 그러나 인간이 두 가지 이상의 신앙을 알게 되면, 자신이 자신의 신앙을 가진 것처럼 다른 신앙을 가진 사람에 대해 이성을 통한 문제 해결만이 가능하다. 이슬람교에 관해 알게 된 불교신자가 여전히 불교신자로 남는다면, 이는 신앙이 아니라 이성적 판단에 의한 결정이다. 다른 신앙을 알게 된 사람이 이전 신앙을 지킬지 아니면 새로운 신앙을 받아들일지에 대한 문제는 이성이 해결할 수밖에 없다. 만일 이슬람교에 관해 알고도 불교신자로 남는다면, 맹목적이던 부처에 대한 신앙이 이성적 토대를 가진 믿음으로 바뀐 것이다.

이성이 아니라 맹목적인 믿음으로 정신적인 어떤 것을 주입하려는 시도는 마치 입을 통하지 않고 사람에게 음식을 먹이려는 시도와 같다.

인간은 다른 사람들과 교류하면서 모두에게 보편적 의식의 토대가 있음을 알게 되었다. 이들은 더 이상 예전의 잘못된 의식 상태로 되돌아갈 수 없다. 죽은 자들이 신의 아들의 목소리를 듣고 부활할 때가 오고 있다. 아니, 이미 그때가 되었다.

이 목소리를 잠재울 수는 없다. 이것은 어떤 한 사람의 목소리가 아니라, 모든 개인과 인류 최고 선각자들의 내면에서, 그리고 이제는 대다수 사람 내면에서 울리는 인류의 이성적 의식의 목소리이기 때문이다.

역자 후기

- 방교영

    톨스토이의 작품세계는 오십 세를 기준으로 전반기와 후반기로 나뉜다. 『전쟁과 평화』(1868-1869), 『안나 까레니나』(1877)를 집필하던 시기가 전반기이다. 그가 정신적인 변화를 겪으며 집필한 『참회록』(1882), 『인생론』(1887), 『종교론』, 『나의 신앙』, 『예술이란 무엇인가』(1897), 『교리신학 연구』(1880), 『부활』(1899)등은 오십대 이후의 후반기에 발표되었다. 그 중 『인생론』은 톨스토이에게 매우 중요한 작품이다. 1889년 어느 작품을 중요하게 생각하느냐고 묻는 지인에게 톨스토이는 "『나의 신앙』과 『인생론』 중 어느 것을 골라야 할지 모르겠다"고 대답했다. 그만큼 그 스스로 『인생론』에 큰 의미를 두었다.

    톨스토이는 인생 전반기부터 세계적 작가이자 정신적 지도자로 존경을 받았다. 하지만 세계의 많은 지성인과 교류하면서 자신의 생각이 제대로 전달되지 못하고 있음을 점점 깨닫고 『인생론』을 집필했다고 전해진다. 그는 『인생론』에 그의 인생, 생명, 동물적인 삶과 인간의 이성적 삶, 선과 악, 행복, 사랑, 고통과 죽음, 시간과 공간에 대한 날카로운 생각을 담았다.

동시대의 보통 사람들과 지성들의 지적 격차는 자주 사회적 스캔들의 원인이 되곤 하는데, 『인생론』이 그런 것이었다. 출판 과정도 순탄치 않았다. 이 책은 1887년에 탈고되어 이듬해 모스크바에서 초판 되었으나 재판이 금지되고 파기되었다. 간신히 살아남은 3권의 서적이 1889년에 불어로 번역되어 파리에서 출간되었고, 뉴욕에서 영어로 출판되었다. 그 후 덴마크어, 독일어, 체코어로 연속 번역, 출판되었다. 러시아에서는 톨스토이 사후인 1913년에야 전집에 포함된다.

톨스토이는 책의 제목을 '삶과 죽음에 관하여'라고 지으려 했다고 전해진다. 그러나 집필 과정에서 죽음이란 것은 없다는 확신을 갖게 되면서 제목을 '삶에 관하여'로 바꾼다. 그렇다면 죽음도 일종의 삶이라는 것인데, 러시아어의 'жизнь'는 한국어로 '인생', '삶', '생', '생명', '생활'로 옮길 수 있어, 물리적인 삶과 정신적인 삶 모두를 아우르는 뜻을 지닌다. 인생에 죽음이 없다면 인간은 영원하다는 것인가? 이는 신성모독 아닌가? 바로 이 테제가 정교회 파문과 검열의 핵심이 아니었던가 한다. 물론 정부의 검열 내용만이 스캔들의 전부는 아니다. 당대의 지성과 충돌하는 인생관의 여러 부분들이 있었다.

한편, 정부가 책을 검열하고 러시아 정교회가 그를 파문하는 등 고초를 겪었던 만큼 톨스토이는 글의 교정을 제대로 볼 수 없었다. 다른 작품과는 달리 문장의 반복이 많고, 매끄럽지 않으며 의미 또한 불명료한 부분이 상당수 있다는 것은 잘 알려진 사실이다. 하지만, 글의 표피를 따르지 않고 차분하게 그와 대화하듯이 글을 읽어가면 그의 열정뿐만 아니라 속내마저도 이해하는 데 큰 무리는 없을 것이라 본다. 또한 자신의 생각을 최대한 쉽게 전달하고자 여러 가지 비유를 들어 설명하기 때문에 글의 문맥을 이해하는 데 도움을 받을 수 있다.

인생의 보편성

사람들이 이미 2000년이 다 되어 가는 성경을 아직도 읽고, 그보다 더 오래된 논어나 대학을 오늘날에도 줄곧 인용하는 이유가 무엇인가? 인간의 삶에 보편성이 있기 때문 아닌가? 개인주의를 예로 들어보자. 지난 100년 이래로 전 세계 사람들은 너도나도 개인주의라는 단어에 휘말려 보편주의를 거부해 왔다. 개인이 각기 차별적인 삶만을 사는 듯이 인간이 서로 함께 지닌 공통된 심성을 거부하려는 움직임이었다. 그러나 행복이나 고통이 그렇듯이, 인간들이 공유하는 심성은 공통적이고 보편적이다. 개인주의는 보편이 아니라, 그렇게 되고자 하는 욕망의 표현일 뿐이다. 욕망의 내용은 행복이며 바로 이것이 보편적인 것이다. 다시 말하면, 개인주의는 개인의 구체성을 지지하는 논리가 아니라 구체적이고자 하는 사람들의 보편적인 마음을 이용한 특수 이데올로기가 된다.

행복의 보편성을 거부하는 보편성을 지녔으면서 스스로 특수하다고 믿었던 당대 지성들과 톨스토이의 지적 격차를 이 책에서 관찰할 수 있다. 행복 추구와 같이 인간의 존재 조건을 인정하고 이를 조용히 탐구하지 않고, 시대의 필요에 따라 곧바로 이를 지적 이데올로기로 만들어버린 무수한 지적 작업으로부터 떨어져 인간 그 자체의 존재를 탐구하는 사유가 바로 톨스토이적 사유인 것이다. 이를테면 '돈이 행복이지'라는 생각은 특수한 시대의 특수한 이들의 이데올로기일 뿐 보편은 아닌 것이다.

톨스토이는 기계가 인간의 노동을 대체하던 19세기 말의 기계 이데올로기와 거리를 두었고, 그 거리는 당대의 지성과 지적 격차를 만들었다. 즉 다수의 지성들이 사회의 진보를 가져다 줄 것이라고 믿었던 실증주의, 경험주의, 유물론 등의 지적 유행을 따르지 않았다. 실제는 보편이 아닐 수 있거나 아닐지 몰라도 실제의 본성은 보편적이라는 그의 사유는 오늘날, 개인의 구체적인 욕망을 보편 인권으로 뒤바꾸는 거대한 거짓 문화를 바로 이해하도록 우리를 이끈다.

행복에 관하여

행복 추구는 보편적이라고 인류의 위대한 성인들은 모두 같은 방식으로 말해 왔다. 공자는 "인생은 하늘에서 내려오는 사람의 행복을 위해 빛을 전파하는 것"이라고 했고, 동시대의 브라만 교도들은 "인생이란 더욱 큰 행복에 도달하려는 영혼의 여행이자 수행"이라고 했다. 부처의 해탈도 그런 것이며 예수는 "신과 이웃에 대한 사랑이 인생의 행복"이라 했다. 이 모든 정의는 행복 추구가 인간에게 보편적이며 그 행복이 인생의 목적이라는 진실을 보여준다.

그렇다면 보편적이라 하는 인생의 행복을 얻기 위해 먼저 해결해야 할 문제는 과연 그 행복이 무엇인가 하는 점을 밝히는 것이다. 이는 매우 쉽다. 행복은 보편이라서, 특별히 공부하고 고민한다고 해서 알 수 있는 것이 아니다. 그냥 본성적으로 올라오는 것이다. 잘은 모르겠지만 내가 행복하다고 느끼고 인식하면 결국 기뻐지고 행복한 것이다. 행복이란 것은 정의되는 것이 아니라 인생의 온갖 정의를 뒷받침하는 심성적

인 전제이다. 개인적으로 인정받고 싶어 하는 욕망이 인간에게 보편적이듯이, 바로 그 행복의 느낌과 인식이 있다면 그것은 누가 강제한 것도 아니고 나의 보편적 본성이 그래서 그런 것이다. 이런 기쁨이 평생 계속 지속된다면 그것이 진정한 행복이 되는 것이다.

여기서 잠시 멈춰 생각해 볼 것은, 과거에 비하여 현대문명이 행복의 느낌을 확대시켰을까 하는 점이다. 끝없는 기술의 발전이 인간의 행복을 가져올 것인가? 톨스토이는 "산 속에 터널을 뚫고 전 세계를 비행한다는 것. 전기, 현미경, 전화기, 전쟁, 의회, 박애, 정당간 경쟁, 대학, 학회, 박물관...과연 이것이 인생일까?"라고 질문한다. 이 질문은 현재에도 여전히 유효하다. 행복은 물질적 조건에 의한 산물인가 아니면 독자적인 정신적 구성체인가. 인간은 외부 자극에 반응하는 동물적 자아를 중심으로 살아가는가 아니면 외부의 자극이 있든 없든 자신의 자유의지로 살아가는가 하는 질문이다. 이 질문은 그의 인생과 행복에 관한 이야기 속에 끝없이 교차되고 있다.

톨스토이의 사유에 있어서 인간은 외부의 자극에 반응하는 실험대상이 아니다. 인간이라는 존재는 여러 번 관찰하여 경험치의 지식을 얻어 내는 대상이 아니다. 왜냐하면 상대를 경험할수록 경험하는 것은 자신의 마음이다. 즉 상대를 경험하면 할수록 그를 통해 자신을 경험하게 된다. 타인에 대한 경험이 내 마음 속에 스며들어 내가 과거에 기억했던 모든 사람들의 경험치가 그와 한데 엉키어 서로 동일시화 되거나 비교되거나 거부되는 부분들이 우후죽순으로 나타난다. 그에게 나의 기억도 마찬가지로 그렇게 나타날 것이다. "사람이 외부 세계에 관해 아는 모든 것은 자신에 관한 것뿐이다"라는 톨스토이의 말은 내가 다시 만난 그 사람은 이미 나의 일부분을 지닌 채 존재한다는 것을 뜻한다. 즉 그는 곧 나의 일부분이기도 한 것이다. 이런 기억의 현상을 실증적으로 분석하기가 어렵다 해서 기억의 일부만 선택하여 사람을 재단하는 것은 그에 대한 바른 자세도 아니지만 무엇보다 자신마저 존중하지 않는 자세다.

톨스토이는 현대의 물질적인 사유를 비판하는데 그것은 다름 아닌 당대를 풍미했던 앵글로색슨의 경험주의와 유물론이다. 쥐나 원숭이를 대하듯 사람의 신체와 정신을 실험하고 그 실험치를 반복 관찰하여 결론을 유도하는 경험주의적 사유이다. 이런 사유에 익숙한 사람들이라면 이해할 수 없는 사람이 바로 톨스토이이다. 인생이 그렇듯이, 톨스토이에게 행복은 외부 자극에 반응하는 내부의 움직임이 아니다. 행복은 내부

심성의 자체적인 움직임이다. 마치 태어날 때부터 돌아가는 뇌의 신경망처럼, 인간의 자아는 본성적으로 움직이며 스스로 구성해 나가는 체계이다. 행복의 심성도 그런 것이다. 아침 햇살과 같은 외부의 자극은 단순한 자극물이 아니라 '따뜻한 아침'과 같은 뇌의 상상을 유발하는 촉매제일 뿐이다. 눈 앞에 바로 스쳐 간 그림자가 나를 두렵게 했다면 그것은 그림자가 아니라 그림자에 대한 나의 상상력이 그리 한 것이다. 인간의 뇌는 자극에 즉시 반응할 만큼 그리 단순하지 않다.

그렇다고 해서 외부의 자극이 인간의 심성에 영향을 끼치지 않는다는 것이 아니다. "연구 대상이 시공간에 드러나기 때문이 아니라, 우리와 그 대상이 따르는 법칙이 동일할 때 대상에 대한 인식이 확장된다"는 그의 말은 우리 내부의 자연과 외부의 자연이 서로 만나는 지점에서 비로소 인식이 커진다는 의미이다. 마치 잔소리처럼 외부의 자극이 반복되면 인간 내부에 끼치는 영향력이 커지기 마련이다. 하지만 잔소리 때문에 행동을 바꾸는 경우는 드물다. 잔소리 속에서 자신의 마음에 아픔을 느꼈을 때 그리 할 뿐이다. 메시지를 조작하여 인간의 의식을 바꾸려는 분야가 오늘날의 사회과학인데, 어느 정도 성공한 것으로 보인다. 미디어 조작에 의해 움직이는 대중을 우리는 항상 보고 있지 않은가. 하지만 사회과학자들이 알아야 할 점은 인간의 뇌가 기계적이라서 조작되었던 것이 아니라 이미 수십, 수백 년 조작을 가해 왔기 때문에 조작될 수밖에 없는 부분이 있다는 점이다. 그리고 톨스토이의 『인생론』은 이처럼 조작된 뇌가 느끼는 행복은 행복이 아니라고 말하고 있는 것이다.

먼저, 행복이란 것은 단기적인 것이 아니다. 짧다면 그것은 쾌락일 뿐이다. 순환하는 논쟁에서 이겼다고 좋아하는 학자, 긴 인생을 짧은 쾌락만으로 채우는 부자는 행복한 자들이 아니다. 차라리 가난하고 못 배운 사람들이 지속되는 행복을 얻는다. 학자나 부자들의 행복은 논리와 소비라는 바깥에서 요구한 자극에 응답한 것들이 대다수이지만 가난하고 못 배운 사람들, 노인과 아이들은 단순하고 소박하게 삶의 본질을 추구한다. 그들에게 외부의 자연은 자극이 아니라 이성적 의식이 함께 공유하는 삶의 부분이며, 거기에 의지와 사랑을 발현한다. 행복하고 "진정한 인생은 구체적인 시간과 공간의 틀 속에서 이루어지지 않는다." 보편성 안에서 이루어진다.

행복과 고통의 변증법

톨스토이는 행복을 추구하는 인간의 마음이 보편적이라 해서 그 '인간'이라는 단어를 '개인'의 단어와 바꾸는 것을 극도로 경계한다. 인간은 개인이 아니다. 따라서 행복도 개인으로는 얻을 수 없는 것으로 본다. 짧은 행복감이 그저 쾌락에 불과한 것처럼, 타인을 벗어나 개인적으로 얻어내는 기쁨도 쾌락일 뿐이다. 이를 그는 '동물적 자아'의 산물로 이해한다. 동물적 자아는 동물과 똑같이 인간에게 본성적이다. 그러나 동물의 본성은 고립적이며 개인적일 뿐이다. 이 동물적 자아에 대한 깊은 믿음이 앞서 말한 자극과 반응 실험으로 이루어진 영미 경험주의의 근본 철학이다. 톨스토이는 이를 거부한다.

톨스토이는 "동물적 자아는 개인의 행복을 추구한다"고 말하면서 이를 '이성적 의식' 혹은 '이성적 자아'와 대립시킨다. 물론 동물들도 이성적 자아를 가질 수도 있지만 우리는 그에 대한 진실을 아직은 모르기 때문에 인간의 예만 들 수 있을 뿐이다. 당대를 풍미했던 영미 경험주의적 사유로 본다면 인간이 얻어내는 최대치의 행복은 최대한 많은 이들을 통해서 얻어지는 것이다. 얼마나 많은 사람들이 자기를 좋아하는가는 팝 가수의 인기 순위를 보면 알 수 있는 사실이다. 그러나 개인이 만인으로부터 사랑을 받아 행복하기는 처음부터 불가능하다. 사랑에는 한도가 없기 때문이다. 톨스토이는 이런 불가능한 현상을 행복이라 착각하지 말고 거꾸로 만인을 사랑하라 말한다. 경험주의적으로 보아도 만인으로부터 사랑 받는 것보다 사랑하는 것이 더 행복하기 쉬운 것이다. 서민들이 작은 배려와 물질에 행복해하는 것처럼 그렇다.

톨스토이는 만인을 사랑하는 이성적 자아가 추구하는 인생을 참된 행복이라 말한다. 그리고 이는 인생과 행복 그 자체의 정의가 된다. 인생은 외부의 도전에 대한 내부의 응전이 아니라, 외부를 향한 인간 내부의 독자적인 움직임이다. 그리고 행복은 그 독자적인 움직임이 만인에게 향하고 행할 때 비로소 가슴으로 오는 무엇이 된다. 시장에서 만인에게 팔아버린 이성적 자아 대신에 그는 풍성한 행복을 얻어 오는 것이다. "인생은 만인에 대한 사랑을 더욱 키우는 과정이다"라는 그의 말은 바로 이런 뜻이다.

인생과 행복에 관한 톨스토이의 사유는 불교적이다. 어떤 존재이든 관계를 지어서 생각하도록 우리를 이끈다. 고통에 대한 판단도 그렇다. 땅을 말하지 않고 하늘을 말할 수 없듯이, 고통을 말하지 않으면 행복도 말할 수 없다. 행복이 배우라면 고통은 무대의 배경이다. "육체적 고통은 인생과 행복의 필수 조건이다." 하나가 없이는 다른 하나가 연극으로 달성될 수 없다. 어떤 배경 하에서 사건이 벌어졌기에 배우가 그렇게 연기했는가를 따지는 것이 연극과 연출의 정의이듯이, 고통은 행복의 정의 속에 포함된다. 고통이 전제되지 않은 행복은 없다.

"썩어가는 씨앗이 지닌 옛 형태가 외적으로 투쟁하면서 싹이 성장하는데 여기서 썩어가는 씨앗은 싹의 자양분이 된다." 바로 이러한 사유 속에서 그는 산다는 것만이 삶이 아니라, 죽음이 있기 때문에 삶이 된다는 진실을 알게 된다. 인생과 죽음을 영원히 대립시키는 이분법은 변증법적으로 무효이다. 그는 "죽음은 없다. 변화만 있을 뿐이다. 더 이상 현재 의식으로 현재의 육체에 머물 이유가 사라졌을 때 죽음이란 변화를 선택하는 것이다"라고 말함으로써 죽음 이후의 삶이 현재 삶과는 전혀 다른 방식으로 실재한다는 정교회의 교리와 충돌한다. "현재의 육체가 과거의 육체가 아닌 것처럼, 나의 의식도 과거의 의식과는 다르다. 이렇게 우리는 변화한다. 그러나 현재의 의식은 시간과 공간, 그리고 죽음을 초월한 이성적 의식의 여러 의식 중 하나의 발현일 뿐이다."

사랑했던 사람의 육체가 떠났다고 해서 이를 죽음으로 볼 수 없다. 과거처럼 상대의 신체를 만질 수도 볼 수도 없지만 가슴을 통해 어루만지는 영혼이 있으며 그 영혼을 사랑하는 것도 사랑인 것이다. 사랑의 양태가 변한 것뿐이다. 사랑의 양태가 변하듯이 죽음도 인생의 한 양태일 뿐이다. 현재의 육체가 과거의 육체가 아닌 것처럼, 나의 의식도 과거의 의식과는 다르다, 이렇게 우리는 변화한다. 현재의 의식은 시간과 공간, 그리고 죽음을 초월한 이성적 의식의 여러 의식 중 하나의 발현일 뿐이다. 죽음 이후에도 우리에게 끊임없이 영향을 끼치는 사람들이 있다. 바로 예수의 삶이 그러하다. 그는 살아있는 것이다.

고통도 이와 같다. 피할 수도 없고 이해할 수도 없는 고통이 분명 존재한다. 지진, 교통사고, 질병 등 선한 사람들의 고통은 더욱 이해하기 어렵다. 하지만 아픔을 느끼는 신체적 고통이 없다면 인간은 이미 자신의 육체를 파괴했을 것이다. 다쳐 보았으니 다치지 않으려는 것이다. 이런 이유로 마음의 상처를 입어 보지 않은 사람은 남의 상처도 이해하지 못하고 결국 사이코패스로 살아갈 것이다. 신체이든 정신이든 고통은 성장과 회개를 위한 과정이다. 이처럼 이성적 의식 그리고 고통과 죽음을 통해 사람은 변화 성장하며, 사랑을 키우며 행복을 극대화한다. 바로 타인을 향한 사랑을 키우는 것이 인간의 이성적 의식이 요구하는 참된 인생이다. 이성이 이끄는 사랑을 통해 시간과 공간을 통해 온 존재와 하나가 된다.

타인을 향한 사랑과 행복

21세기는 거짓의 시대다. 권력, 돈, 명예를 얻으려고 온갖 핑계를 대는 정치, 경제, 학계 지도자들의 오랜 거짓은 말할 것도 없고, 문맥(context)을 파악하는 인간의 신경망을 문단(text)만 파악하는 로봇과 서로 경쟁시켜 이득을 취하려는 AI 기업들과 실제와 상상을 마구 뒤섞는 포스트모더니즘 등이 모두 거짓 문화이다. 사람은 무엇 때문에 거짓말을 하는가? 제 물질과 정신적 이득을 취하거나 보존하려는 이유에서 아닌가? "친구를 위하여 자신의 생명을 내놓는 사랑, 그 이상의 사랑은 없다. 자신을 희생하는 사랑이 참된 사랑이다"라는 톨스토이의 말이 이런 거짓의 사회 속에서 통할 수 없다.

거짓 사회는 사랑이 사라진 사회다. 그런 사회는 오로지 가시적인 시공간에서 드러난 인간의 움직임만을 인생이라 믿게 한다. 우리의 신체가 사라지고 난 뒤 타인의 마음 속에서 살아 있는 인생은 이런 사회에서는 인생이 아닌 것이다. 그러하니 범죄를 저지르고 해외로 도피하는 이들처럼, 주어진 시공간에서조차 '먹튀' 인생이 존재하고, 또 다른 많은 이들처럼 시간이 흐르면 자신의 범죄가 잊혀질 것을 기대하는 삶을 살아갈 수밖에 없다. 하지만 톨스토이는 말한다. "그는 내 시야에서 사라졌을 뿐 그에 대한 나의 관계는 사라지지 않는다. 늘 우리가 말하는 것처럼 내게 그에 관한 기억이 남아있다. 그의 손, 얼굴과 눈에 대한 기억이 남는 것이 아니라, 영혼이 남는다"

　인생의 참된 행복은 시간과 공간을 초월하는 과정이다. 그리하여 만인에 대한 사랑을 키우는 과정이다. 참된 행복은 개인의 행복이 아니다. 다른 사람을 자신보다 더 사랑하고, 모두가 하나됨으로써 얻는 공존의 행복이다. 여기에 이성이 작동한다. 그가 말하는 이성적 의식은 앵글로색슨 문화가 말하는 계산적 합리주의도 아니고 게르만 문화가 말하는 뇌의 체계적인 활동도 아니다. 동물적 본능을 제어하는 사유의 에너지이다. 몇 차례에 걸쳐 나에게 상처를 주었다고 해서 상대를 나쁜 사람이라고 취급하는 본능적 반응을 잠시 멈추게 하는 이성이다. 그 상처가 나로부터 유발한 것은 아닌지, 타인으로부터 내가 상처를 받는 방식이 상대의 방식과 충돌한 것은 아닌지 스스로 뒤돌아보게 만드는 자아의 배려이다. 물론 이런 이성적 의식의 목적은 나를 포함한 인간의 행복이다.

레프 톨스토이 연보

1828년	8월 28일, 니콜라이 일리이치 톨스토이 백작과 마리야 니콜라예브나 톨스타야 백작 부인의 5남매 중 넷째 아들로 태어남. 아버지 니콜라이 일리이치는 퇴역 중령, 어머니 마리야 니콜라예브나는 볼콘스키 공작 집안 출신이었으며, 형 니콜라이, 세르게이, 드미트리가 있었음. 태어난 다음날 성 니콜라이 성당에서 벨료프 지방의 지주 S.I.야지코프와 펠라게야 니콜라예브나 톨스타야 백작 부인을 대부모로 세례를 받음.
1830년(2세)	8월, 어머니 마리야 니콜라예브나, 여동생 마리야 출산 직후 죽음. 톨스토이는 어머니를 기억하지 못했으나, 그의 의식 속에 '숭고한 이상형'으로 남아 훗날 「전쟁과 평화」의 공작영애 마리야의 원형이 됨.

1833년(5세) 푸쉬킨의 시 「바다에」와 「나폴레옹」을 암송하여 아버지를 감동시킴. 형들과 함께 손으로 쓴 잡지 「아이들의 놀이」를 만듦.

1835년(7세) 형 니콜라이로부터 전쟁도 질병도 죽음도 없고 모든 사람이 개미 형제가 되는 행복한 세상을 가져온다는 '푸른 지팡이'의 전설을 들음. 형들과 함께 집 안에 작은 천막을 치고 '개미 형제' 놀이에 열중함.

1837년(9세) 1월, 톨스토이 집안, 모스크바로 이사. 6월, 아버지 니콜라이 일리이치가 툴라에서 급사. 고모인 A.I.오스텐 사켄 부인과 S.I.야지코프가 남은 아이들의 후견인이 됨. 매우 종교적이었던 오스텐 사켄 부인을 대신해 T.A.요르골스카야 부인이 아이들을 직접 양육함. 형들과 함께 손으로 쓴 잡지 「아이들의 도서관」을 만듦.

1838년(10세) 5월, 할머니 펠라게야 니콜라예브나 죽음. 펠라게야 톨스타야는 훗날 「유년시절」과 「소년시절」에 등장하는 할머니와 「전쟁과 평화」 속 로스토바 백작 부인의 원형이 됨. 7월, 톨스토이 집안의 아이들과 요르골스카야 부인, 야스나야 폴랴나로 이사. 12월, 야스나야 폴랴나에서 형들과 함께 가족을 위한 연극을 공연함.

1839년(11세) 8월, 맏형 니콜라이가 모스크바 대학에 입학하자 요르골스카야 부인과 함께 모스크바로 이사. 가을과 겨울은 야스나야 폴랴나에서 보냄.

1840년(12세) 문학에 심취하여 러시아어와 프랑스어로 시와 우화 등을 씀. 7월, 야스나야 폴랴나에서 요르골스카야 부인의 명명일을 기념하여 부인에게 프랑스어로 편지를 씀. 이 편지가 지금까지 전해지는 레프 톨스토이의 서간 중 가장 오래된 것임.

1841년(13세) 8월, 후견인이었던 오스텐 사켄 부인이 옵티나 수도원에서 죽음. 톨스토이가 부인의 비문을 씀. 새로운 후견인이 된 고모 펠라게야 일리이니쉬나 유쉬코바가 살고 있는 카잔으로 형제와 함께 이사.

1844년(16세) 9월, 카잔대학교 동양어대학 아랍·터키어과에 입학. 이후 사교계에 출입하며 방탕한 생활을 함.

1845년(17세) 진급시험에 떨어져 법학대학으로 재입학.

1846년(18세) 1월, 잦은 결석으로 교내 감옥에 갇힘. 5월, 진급시험을 통과하여 2학년에 진급함. 가을, 형들과 함께 후견인의 집에서 독립.

1847년(19세) 철학에 심취하여 「장 자크 루소의 사상에 대한 철학적 고찰」, 「철학의 목적에 관하여」 등의 글을 씀. 3월, 일기를 쓰기 시작함. 몽테스키외의 「법의 정신」과 예카테리나 여제의 「훈령」 비교 연구. 4월, 야스나야 폴랴나에서 독학과 농업에 전념하기 위해 카잔대학교를 중퇴함. 5월, 야스나야 폴랴나로 이사하여 여름을 보냄.

1848년(20세) 가을과 겨울을 모스크바에서 보내며 방탕한 생활을 이어감.

1849년(21세) 2월, 페테르부르크 대학 입학을 위해 페테르부르크로 이사함. 4월, 페테르부르크 대학교에서 법학사 자격 시험을 치러 두 과목 합격. 보로틴카 마을과 숲을 팔아 모스크바와 페테르부르크 생활에서 진 빚을 갚음. 5월, 페테르부르크 대학 입학을 포기함. 입대하여 헝가리로 가려고 했으나 형 세르게이의 충고로 포기하고 야스나야 폴랴나로 돌아옴. 여름, 농민의 아이들을 위한 학교를 개설함. 11월, 툴라 주 귀족위원회의 사무직을 맡음

1850년(22세) 겨울, 여러 지역을 여행하며 친지들을 만남. 여름, 야스나야 폴랴나에서 영지 경영에 전념하며 몽테스키외를 읽고 음악에 빠져듦. 훗날 「지주의 아침」에서 이 시기의 일을 그림. 12월, 모스크바에서 사교계를 드나들며 「브라쥐롱 자작」, 「루이 14세와 그의 시대」 등 A. 뒤마의 소설을 읽고 '소설을 읽지 말 것'이라는 일기를 남김. 「유년시절」을 쓰기 시작함. 사교계에서의 처세술과 카드놀이 하는 방법 등을 일기에 남김.

1851년(23세) 3월, 「유년시절」과 「어제의 이야기」 집필. 벤자민 프랭클린을 본받아 매일 일기를 쓰기 시작함. 4월, 맏형 니콜라이가 있는 카프카스로 가 함께 카잔, 사라토프, 아스트라한 등을 여행함. 5월 스타로글라드콥스카야 마을에 도착함. 이 마을은 훗날 「카자크 인」에서 노보블린스카야 마을로 그려짐. 6월, 로렌스 스턴의 「풍류 여정기」를 러시아어로 옮기기 시작함. A.I.바랴틴스키 공작이 지휘한 체첸 마을 습격에 의용병으로 참전. 이때의 경험이 「습격. 의용병의 이야기」(1852)로 그려짐. 8월, 스타로글라드콥스카야 마을로 돌아와 「유년시절」 집필. 10월, 형 니콜라이와 함께 티플리스(현 트빌리시)로 돌아옴. 11월~12월, 요양을 하며 「유년시절」 1부를 완성함. 12월, 20 포병연대에 자원.

1852년(24세) 1월, 사관후보생 시험을 치러 4급 포병 하사관으로 편입. 2월, 미스키르-유르트 전투에 참가했다 탄환에 맞아 중상을 입음. 3월~4월, 스타로글라드콥스카야에서 「유년시절」을 집필하며 D.V.그리고로비치의 소설들을 읽음. 5~8월, 병의 치료를 위해 퍄티고르스크에 머물며 「유년시절」, 「습격」을 집필하고, 소설 「러시아 지주의 이야기」를 구상함. 7월, N.A.네크라소프에게 「유년시절」의 원고를 보냄. 9월, 잡지 『동시대인』에 「나의 유년시절 이야기」가 실림. 12월, 「습격」을 탈고하고 잡지 『동시대인』에 보냄.

1853년(25세) 1~3월, 체첸 토벌에 참가. 2월, 카치칼리콥스키 산(山) 전투에서 무공을 세움. 3월, 잡지 『동시대인』에 「습격」이 실림. 스타로글라드콥스카야에 머물며 「크리스마스 이브」와 「소년시절」에 착수함. 5월, 전역을 요청함. 7~10월, 젤레즈노, 키슬로보츠크 등을 돌아보며 「소년시절」, 「카자크 인」, 「득점기록원의 수기」 등을 집필함. 가을~겨울, 러시아-터키 전쟁 발발로 인해 전역 요청이 거부되자 S.D.고르차코프 공작에게 도나우 파견군으로의 발령을 요청함. N.M.카람진의 「러시아 역사」와 N.G.우스트랼로프의 「러시아사」를 읽음.

1854년(26세) 1월, 소위보로 임명됨. 도나우 파견군 12 포병연대 4중대로 발령남. 2월, 야스나야 폴랴나로 돌아와 부임을 준비하며 유언장을 작성함. 3월, 부하레스트에 도착하여 포병부대와 함께 몰다비아, 발라히야, 베사라비야의 여러 지역에 머묾. 7월, 두 차례에 걸쳐 크림 반도 파견군으로의 발령을 요청함. 9~10월, 장교들과 함께 사병 교육과 계몽을 위한 조직을 만들기로 함. 이것이 사병을 위한 잡지 발간 계획으로 발전하였으나 황제의 금지로 실현되지 못함. 10월, 잡지 「동시대인」에 「소년시절」이 실림. 11월, 세바스토폴에 도착. 겨울, 심페로폴에 주둔하며 전투에 참가함.

1855년(27세) 1월, 잡지 「동시대인」에 「득점기록원의 수기」가 발표됨. 3월, 훗날 러시아정교로부터 파문을 당하게 된 톨스토이 종교관의 원형을 볼 수 있는 글을 일기에 남김. 6월, 잡지 「동시대인」에 「12월의 세바스토폴」이 실림. 9월, 잡지 「동시대인」에 「삼림벌채」와 「5월의 세바스토폴」이 실림. 10월, 곧바로 전역하여 문학 활동에 전념하기를 권하는 I.S.투르게네프의 첫 편지를 받음. 11월, 페테르부르크로 가 투르게네프, 곤차로프, 네크라소프, 튜체프 등의 열렬한 환영을 받음. 12월, A.A.페트와 친분이 시작됨.

1856년(28세) 1월, 휴가를 받아 모스크바로 감. 형 드미트리 죽음. 잡지 「동시대인」에 「1855년 8월의 세바스토폴」 발표. 2~5월, A.N.오스트롭스키, S.T.악사코프, K.S.악사코프 등과 교류함. 투르게네프와 논쟁 후 화해. 3월, 11개월 간의 휴가를 요청함. 1855년 8월 4일 쵸르나야 레치카 유역 전투에서 세운 무공을 인정받아 중위로 진급됨. 잡지 「동시대인」에 「눈보라」 발표. 4월, 야스나야 폴랴나 농노 해방 계획을 세움. 5월, 잡지 「동시대인」에 「두 경기병」 발표. 내무성 장관 A.I.레프쉰에게 야스나야 폴랴나 농노 해방 계획서를 보냄. 6~10월, 야스나야 폴랴나에 머물며 농노들에게 농노 해방 계획을 설명하고 설득하였으나 실패로 돌아감. 「홀스토메르」, 「카자크 인」, 「청년시절」, 「먼 들」을 집필함. 11월~1857년 1월, 페테르부르크에 머물며 「강등병」, 「자유로운 사랑」, 「러시아 지주의 이야기」, 「지주의 아침」, 「알베르트」, 「청년시절」 등을 집필함. 군대에서 퇴역. 12월, 잡지 「도서관」에 「강등병」이, 잡지 「조국수기」에 「지주의 아침」이 실림.

1857년(29세) 1월, 잡지 「동시대인」에 「청년시절」 발표. 1~7월, 프랑스, 스위스, 이탈리아, 독일 등지를 여행함. 8월, 야스나야 폴랴나에 돌아와 「카자크 인」, 「알베르트」를 집필. 9월, 잡지 「동시대인」에 「루체른」 발표. 11~12월, 모스크바와 야스나야 폴랴나를 오가며 「카자크 인」, 「알베르트」, 「세 죽음」, 「부활절」 등을 집필.

1858년(30세) 3월, 페테르부르크로 가 네크라소프에게 「알베르트」 원고를 전달함. 3~4월, 모스크바에서 「부활절」을 집필. 6~8월, 농사에 전념함. 잡지 「동시대인」에 「알베르트」가 실림. 9월, 농노의 삶을 개선하기 위한 툴라 주 위원회의 위원을 선출하기 위한 귀족 회의에 참가.

1859년(31세) 1월, 잡지 「도서관」에 「세 죽음」 발표. 러시아 문학애호가협회 회원이 됨. 1~2월 「결혼의 행복」 집필. 5월, 야스나야 폴랴나의 저택을 수리. 「러시아 통보」에 「결혼의 행복」 발표. 11월, 야스나야 폴랴나에 농민의 아이들을 위한 학교를 세우고 교육에 전념함.

1860년(32세) 야스나야 폴랴나에서 농민 아동 교육에 전념함. 3월, 교육에 관한 최초의 글 「교육에 관한 수기와 자료」를 쓰고, 당시 계몽성 장관이었던 E.P.코발렙스키에게 민중 교육을 위한 기구의 창설과 교육 잡지의 창간을 요청함. 교육 기구 창설은 거부되었으나, 교육 잡지는 「야스나야 폴랴나」라는 이름으로 1862년에 톨스토이가 직접 발간함. 7월, 두번째 유럽 여행을 떠나 독일, 스위스, 프랑스와 영국을 돌아보며 교육 제도를 시찰함. 8~9월, 위독한 상태의 맏형 니콜라이와 함께 프랑스에 머물며 민중 교육에 대한 글들을 씀. 9월 20일, 맏형 니콜라이가 결핵으로 죽음. 가을, 플로렌스에서 데카브리스트 S.G.볼콘스키와 친분을 나눔. 볼콘스키는 훗날 미완작 「데카브리스트」의 피에르 라바조프의 원형이 됨. 런던에서 A.I.게르첸과 교류하며 찰스 디킨스의 교육 강의를 들음. 「카자크 인」, 「이딜리야」, 「티혼과 말라니야」 등을 집필.

1861년(33세) 4월, 페테르부르크로 돌아와 주일학교들을 돌아보고 계몽성 장관 코발렙스키에게 교육 잡지 「야스나야 폴랴나」의 창간을 요청함. 5

월, 야스나야 폴랴나로 돌아와 지주와 농민 간의 분쟁 조정위원으로 위촉됨. 8월, 톨스토이가 농민들의 편에 선다는 이유로 귀족들이 크라피브나 귀족단장에게 탄원서를 보냄. 10~11월, 농민들의 요청에 따라 크라피브나 지방에 12개 학교를 개설함.

1862년(34세) 봄, 야스나야 폴랴나와 모스크바를 오가며 잡지 「야스나야 폴랴나」 발간에 전념함. 「민중 교육의 의미」, 「교육자의 사명」, 「교육과 양육」, 「누가 누구에게 글을 배워야 할 것인가, 농민의 아이들이 우리에게 배워야 하는가, 우리가 농민의 아이들에게 배워야 하는가」 등의 글을 씀. 자신의 미르 안에 새 학교들을 개설함. 농민들 편에 섰다는 이유로 지역 귀족들의 반대에 부딪혀 분쟁조정위원직에서 물러남. 5월, 제자 V.모로조프, E.체르노프 등과 함께 사마라 지역으로 마유(馬乳) 요양을 떠남. 7월, 톨스토이의 부재를 틈타 헌병들이 야스나야 폴랴나를 수색함. 8월, L.A.베르스가 딸들과 함께 머물던 A.M.이슬레니예프 영지를 방문함. 소피야 베르스에게 알파벳 이니셜을 이용한 고백을 함. 훗날 이 에피소드는 「안나 카레니나」에서 레빈이 키티에게 사랑을 고백하는 장면으로 삽입됨. 베르스 일가가 모스크바로 떠나자 함께 가 모스크바에 머물며 매일 베르스 일가와 만남. 잡지 「야스나야 폴랴나」를 위한 글들을 집필. 알렉산드르 2세에게 가택 수색을 항의하는 서간을 보냄. 9월, 크레믈의 성모탄생성당에서 소피야 안드레예브나 베르스(당시 18세)와 결혼. 10~12월, 「카자크 인」, 「폴리쿠쉬카」, 「티혼과 말라니야」 등을 집필.

1863년(35세) 1월, 잡지 「야스나야 폴랴나」 정간. 2월, 아내와 함께 야스나야 폴랴나로 돌아옴. 잡지 「러시아 통보」에 「카자크 인」 발표. 3월, 잡지 「러시아 통보」에 「폴리쿠쉬카」 발표. 3~4월 「홀스토메르」 집필. 6월, 맏아들 세르게이 태어남. 「전쟁과 평화」 착수. 희극 「감염된 가족」을 집필.

1864년(36세) 1월, 「감염된 가족」 탈고. 2월, 「감염된 가족」의 공연을 위해 모스크바 말르이 극장을 방문함. 8월, 「L.N.톨스토이 백작 작품집」 1권이 발간됨. 10월, 맏딸 타티야나 태어남. 11~12월, 사냥 중에

팔이 부러져 모스크바에서 치료. 잡지 「러시아 통보」에 소설 「1805년」의 1, 2부 원고를 보냄.

1865년(37세) 1~2월, 잡지 「러시아 통보」에 소설 「1805년」의 1부가 실림. 3월, 「L.N.톨스토이 백작 작품집」 2권이 발간됨. 여름, 농사에 전념함. 가을~겨울, 「1805년」, 「먼 들」을 집필.

1866년(38세) 1~3월, 모스크바에 머물며 소설 「전쟁과 평화」를 위해 자료를 수집함. 봄, 잡지 「러시아 통보」에 소설 「1805년」의 2부가 실림. 5월, 둘째 아들 일리야 태어남. 여름, 희극 「니힐리스트」 탈고. 10월, 원로회에 의해 명예 중재위원으로 위촉됨. 11월, 모스크바에서 M.N.카트코프와 「1805년」 3부의 출판에 대해 논의. 가족과 함께 야스나야 폴랴나에서 겨울을 보내며 「1805년」 집필.

1867년(39세) 야스나야 폴랴나에 머물며, 「전쟁과 평화」 발간을 위해 모스크바를 왕래함. 3월, 카트코프의 인쇄소에서 「전쟁과 평화」라는 제목으로 자비출판하기로 하였으나 성사되지 않음. 9월, 「전쟁과 평화」의 집필을 위해 보로지노의 옛 싸움터 방문. 12월, F.F.리스의 인쇄소에서 「전쟁과 평화」 1~3권 출판.

1868년(40세) 3월, 잡지 「러시아 서고」에 「전쟁과 평화에 관한 몇 가지 이야기」를 발표. 「전쟁과 평화」 제4권 발간. 9월, 「아즈부카(교과서)」 초고 집필.

1869년(41세) 1월, 「전쟁과 평화」 집필. 2월, 「전쟁과 평화」 제5권 발간. 5월, 3남 레프 탄생. 5~8월, 쇼펜하우어와 칸트의 저작에 심취함. 9월, 일리노 영지를 구입하기 위해 니즈니 노브고로드, 사란스크, 아르자마스를 거쳐 펜자 주로 감. 이때 톨스토이가 아르자마스 시의 호텔에서 처음 경험한 죽음의 공포는 후날 「어느 광인의 수기」에 투영되었으며, '아르자마스의 공포'라고 불리는 이 경험은 이후 톨스토이를 정신적인 격변과 '회심'으로 이끌었음. 12월, 「전쟁과 평화」 제6권 발간. 이 해에 「크리스마스 트리」, 「수줍음이 많은 청년에 관한 농담」, 「오아시스」, 「아내를 죽인 자」 등의 작품에 착수하였으나 대부분 미완으로 남음.

1870년(42세) 1~2월, 셰익스피어, 괴테, 몰리에르, 푸쉬킨, 고골 등을 탐독함. 2월, 표트르 1세에 관한 소설에 착수. 2월, 아내 소피야 톨스타야에게 안나 카레니나의 원형이 될 여성상에 대해 이야기함. 5월, 툴라 지방법원의 출장 재판에 배심원으로 참석. 여름, 농사에 전념함. 11월, 표트르 1세에 관한 소설을 집필. 12월, 고대그리스어 공부에 열중함.

1871년(43세) 1~5월, 고대그리스어 공부에 열중. 열병과 복통을 호소함. 2월, 둘째 딸 마리야 태어남. 6월, 마유 요양을 위해 사마라 주로 감. 8월, 야스나야 폴랴나로 돌아와 「아즈부카(교과서)」를 집필. 12월, 「아즈부카」 1부 간행.

1872년(44세) 1~5월, 「아즈부카(교과서)」 집필. 1~4월, 아내 소피야와 큰 아이들(세르게이와 타티야나)과 함께 농민 아이들을 가르침. 2월, 표트르 1세에 관한 소설에 다시 착수함. 3월, 「카프카스의 포로」 집필. 4월, 잡지 「담화」에 「신은 진실을 보나, 바로 말해 주지 않는다」가 실림. 5월, 잡지 「노을」에 「카프카스의 포로」가 실림. 6월, 4남 표트르 탄생. 9월, 황소를 죽게 한 목동의 죽음에 대한 법적 책임 문제로 가택 연금을 당함. 이 일을 계기로 영국 이민을 계획하였으나, 툴라 지방법원장의 사과 서한을 받고 철회함. 10월, 표트르 1세에 관한 소설의 집필을 계속함.

1873년(45세) 1~2월, 표트르 1세에 관한 소설을 집필. P.D.골로흐바스토프, V.K.이스토민에게 표트르 1세 치하에 관한 자료와 책들을 요청하는 서한을 보냄. 3월, 「안나 카레니나」 착수. 5월, 전 8권의 작품집에 들어갈 「전쟁과 평화」 원고 수정. 6~8월, 가족과 함께 사마라 주의 영지로 가 빈민 구제 사업에 전념함. 9월, I.N.크람스코이가 야스나야 폴랴나로 와 톨스토이의 초상화를 그림. 10월, 민중 학교의 교사들이 야스나야 폴랴나에 모여 톨스토이가 제안한 어문 교육법에 대해 토의함. 11월, 아들 표트르가 크루프로 죽음.

「L.N.톨스토이 백작 작품집」 전8권 간행. 12월, 학술원 러시아어 문학부의 회원이 됨.

1874년(46세) 4월, 5남 니콜라이 탄생. 4~5월, 「농촌 학교를 위한 문법교과서」와 「민중 교육에 관하여」를 집필. 6월, 교육 관련 저술 활동으로 인해 「안나 카레니나」 단독 출판이 연기됨. 타티야나 요르골스카야 죽음. 가을, 교과서 집필과 교육 사업에 전념함. 11월, 「안나 카레니나」의 단독 출간이 완전히 중단됨. 11~12월, 「새 아즈부카(교과서)」 집필. 12월, M.N.카트코프에게 서한을 보내 「안나 카레니나」를 잡지 「러시아 통보」에 연재하기로 함.

1875년(47세) 1~5월, 잡지 「러시아 통보」에 「안나 카레니나」 첫 3부가 연재됨. 2월, 5남 니콜라이 죽음. 5월, 「새 아즈부카(교과서)」 간행. 11월, 딸 바르바라가 태어나자마자 죽음. 「러시아 독본」 전 4권 출간. 가을~겨울, 「안나 카레니나」, 「고행자 유스티니아누스의 삶과 고난」, 「그리스도교의 의미」, 「시간과 공간을 초월한 삶에 관하여」 등의 집필에 전념함. 12월, P.I.유쉬코바가 야스나야 폴랴나에서 죽음.

1876년(48세) 겨울, 「안나 카레니나」의 집필에 전념. 2~4월, 잡지 「러시아 통보」에 「안나 카레니나」 3~5부가 연재됨. 여름, 바이올리니스트 I.M.나고르노프, T.A.쿠즈민스카야 등이 야스나야 폴랴나를 찾아옴. 나고르노프의 연주 중 특히 크로이처 소나타에 열광함. 10월, 툴라 주 귀족회의에서 지원을 받아 야스나야 폴랴나에 사범학교를 건립하고자 했으나 성사되지 않음. 11월, 러시아-터키 전쟁이 임박했다는 소식을 듣고 자세히 알아보러 모스크바에 감. 이때 세르비아로 떠나는 러시아 자원병들의 모습이 「안나 카레니나」 후반부에 그려짐. 12월, 잡지 「러시아 통보」에 「안나 카레니나」 원고를 전달하기 위해 모스크바에 감. N.G.루빈쉬테인이 톨스토이를 위해 연 음악회에서 P.I.차이콥스키아 알게 됨. 이 무렵부터 종교 문제에 열중하기 시작함.

1877년(49세) 겨울, 이주민을 다룬 문학 작품을 구상함. 「종교의 정의」, 「그리스도교 교리문답」에 착수. 2~5월, 잡지 「러시아 통보」에 「안나 카레니나」 6~7부 연재. 6월, 「안나 카레니나」 8부의 전쟁 장면들에 관한 의견 대립으로 「러시아 통보」 5호에는 8부의 요약본이 게재됨. 7월, 「안나 카레니나」 8부 단독 출간. 8~9월, 전 4권의 「슬라브 독본」 출간. 9월, 툴라 주 행정위원회 서기장과 크라피브나 자치회 의원, 교육위원회와 여자 김나지움 감독위원회, 노역의무 면제위원회, 민병 및 예비군 가정 지원 의원회 등의 회원으로 위촉됨. 12월, 6남 안드레이 탄생. 툴라 실업학교의 명예 후견인으로 위촉됨.

1878년(50세) 겨울, 데카브리스트에 관한 소설을 쓰기 위해 모스크바와 페테르부르크에 가 데카브리스트와 그 가족들을 만나고 자료를 수집함. 4월, 1861년 불화 이후 왕래하지 않았던 투르게네프에게 서한을 보내 화해를 청함. 5월, 「신앙에 관한 논쟁」, 「나의 삶」 등을 집필. 8월과 9월, 투르게네프가 야스나야 폴랴나를 방문함. 9~12월, 소설 「데카브리스트」 집필.

1879년(51세) 1~3월, 「데카브리스트」 집필. 미완작 「수고하며 무거운 짐 진 자들」 초고 집필. 1월, A.A.톨스타야를 통해 데카브리스트 자료 열람을 위한 제3부 기록보관소 방문을 요청하였다가 거절당함. 봄, 사순절 금식을 엄격히 지키고 매일 저녁 복음서를 읽음. 3월, 모스크바에 있는 법무성 기록보관소에 18세기 자료 열람을 요청하였다가 거절당함. 4월, 외무성 장관 N.K.기르스에게 서한을 보내 모스크바와 페테르부르크의 기록보관소 열람을 요청하여 5월에 승낙을 받음. 6월, 키예프에 있는 키예프-페체르스키 수도원을 방문함. 10~12월, 철학적 종교적 사상의 격변기를 겪음('회심'). 12월, 7남 미하일 탄생.

1880년(52세) 1월, 모스크바에서 작품집의 재발간에 착수하여 F.I.살라예프에게 출판권을 넘겨 줌. 1~2월 「참회록」, 「교리신학비판」 집필. 3월, 「4대 복음서의 통합, 번역, 연구」 착수. 4~7월, 「L.N.톨스토이 백작 작품집」 전 11권 발간. 6월, 모스크바의 푸쉬킨 동상 제막식에 불참. 10월, 아이들의 가정교사를 찾기 위해 모스크바에 감. I.E.레핀과 알게 됨. 11~12월, 「4대 복음서의 통합, 번역, 연구」 집필에 전념함. 아내 소피야 톨스타야와의 불화가 심해짐.

1881년(53세) 1월, 민화 「사람은 무엇으로 사는가」, 「세 아들」 집필. 2월, 도스토옙스키의 부고를 접하고 매우 슬퍼함. 3월, 알렉산드르 2세를 살해한 '민중의 의지' 당 소속 혁명가들에 내려진 사형 선고를 철회해 줄 것을 청원하는 서한을 황제 알렉산드르 3세에게 보냄. 6월, S.P.아르부조프, D.F.비노그라도프와 함께 옵티나 수도원까지 걸어서 순례함. 7월, 전 지방법원 위원 I.I.메치니코프가 죽음. 메치니코프의 병과 죽음은 훗날 「이반 일리이치의 죽음」의 모티브가 됨. 영지 경영과 마유 요양을 위해 아들 세르게이와 함께 사마라의 영지에 다녀옴. 10월, 8남 알렉세이 탄생.

1882년(54세) 1월, 신문 「현대 통보」에 「모스크바 총인구조사에 관하여」를 기고. 「이제 무엇을 할 것인가」에 착수. 모스크바 총인구조사에 참가. 1~4월, 잡지 「예술 잡지」의 편집장 N.A.알렉산드로프에게 보내는 서간 형식으로 예술에 관한 일련의 기고문을 집필함. 4월, 「참회록」을 탈고하여 잡지 「러시아 사상」에 발표. 7월, 「참회록」이 출판 금지되었다는 기사가 신문 「목소리」에 실림. 돌고하모브니키 거리에 있는 집을 구입함(훗날 톨스토이 박물관이 됨). 10~11월, 성서 연구를 위해 히브리어를 공부. 12월, 「한 마을에 독실한 이가 있었네」 착수.

1883년(55세) 1~3월, 모스크바에서 「나의 신앙은 무엇에 있는가」 집필. 4월, 야스나야 폴랴나 저택 화재. 5월, 아내 소피야 톨스타야에게 재산 관리를 일임함. 6월, 투르게네프가 죽기 전 마지막 서한을 보내 톨스토이를 '러시아 땅의 위대한 작가'로 일컬으며 순수 문학 활동에 전념해 달라고 요청함. 7월, 톨스토이가 농민들과 어울리며 평등 사상을 주입하고 교회를 장식하는 것은 어리석은 일이라고 설파한다는 밀고가 사마라 주 헌병대장에게 들어옴. 9월, 종교적 신념에 반한다는 이유로 지방법원의 배심원직을 사임함. 10월, V.G.체르트코프와 알게 됨. 이후 체르트코프는 톨스토이의 가장 가까운 친구이자 동료가 됨.

1884년(56세) 「이제 무엇을 할 것인가」, 「이반 일리이치의 죽음」 집필. 「어느 광인의 수기」, 「불은 놓아 두면 끄지 못한다」 구상. 1월, 화가 게, 톨스토이 초상화 그림. 2월, 인쇄 중이던 「나의 신앙은 무엇에 있는가」가 '비도덕적이며, 그리스도교의 가르침에 어긋난다'는 이유로 당국에 압수. 3월, 아내와의 불화, 가족 내 소외감을 토로하는 일기를 남김. 6월, 아내와의 말다툼 후 가출을 시도하였으나 임신 중인 아내를 생각하여 곧 돌아옴. 3녀 알렉산드라 탄생. 9월, A.N.오스트롭스키, I.A.곤차로프와 함께 키예프 대학의 명예위원으로 위촉됨. 11월, V.G.체르트코프 등과 함께 민중을 위한 출판사 '중개인'을 설립함.

1885년(57세) 소설 「홀스토메르」와 「이반 일리이치의 죽음」 집필. 민화 「불은 놓아 두면 끄지 못한다」, 「사랑이 있는 곳에 신이 있다」, 「소녀는 노인보다 지혜롭다」, 「일리야스」, 「바보 이반」 등을 집필함. 1월, 아내 소피야 톨스타야, 톨스토이 작품의 출판과 판매 관리를 시작함. 2월, 헨리 조지의 저서를 탐독함. '중개인'에 「형제와 황금」 원고를 넘김. 키시뇨프에서 톨스토이 사상에 영향을 받은 최초의 병역 거부자가 나옴. 10월, 「참회록」, 「요약복음서」, 「나의 신앙은 무엇에 있는가」가 체르트코프의 번역으로 런던에서 출판됨. 가족들은 모스크바로 가고 톨스토이만 야스나야 폴랴나에 남아 「이제 무엇을 할 것인가」를 집필. 12월, M.E.살티코프-셰드린에게 서한을 보내 '중개인'과의 협력을 요청.

1886년(58세) 「어둠의 힘」, 「문명의 열매」, 「빛이 있을 때 빛 속을 걸어라」, 「회개하는 죄인」, 「세 은수자」, 「달걀만한 씨앗」, 「사람에게 많은 땅이 필요한가」, 「빵 한 조각을 보상한 악마 이야기」, 「일꾼 예멜리얀과 빈북」, 「최초의 양조자」 등을 집필. 1월, 8남 알렉세이 죽음.

1887년(59세) 「빛이 있을 때 빛 속을 걸어라」, 「인생에 관하여」, 「수라트의 찻집」, 「지혜로운 여인」 등을 집필. 겨울, 육식을 금하고 채식주의를 설파함. 2월, '중개인'에서 희곡 「어둠의 힘」이 출간되었으나 당국에 의해 공연 금지됨. 2월, P.I.비류코프와 함께 '중개인'에서 출판할 「새 요약 아즈부카(교과서)」를 집필. 여름, 농사에 전념하며 「인생에 관하여」를 수정·집필함. 4월, 톨스토이를 찾아온 배우 V.N.안드레예프-부를락이 기차 안에서 어떤 사람에게 들은 아내의 부정 이야기를 전함. 이 이야기가 「크로이처 소나타」의 모티브가 됨. 7월, 「인생에 관하여」 탈고, 비류코프를 통해 원고를 전달함.

1888년(60세) 1월, 희곡 「어둠의 힘」이 프랑스 파리에서 초연됨. 「인생에 관하여」가 발간 금지되어 전량 압수됨. 톨스토이가 서문을 쓴 T.M.본다레프의 「농민의 축제」가 발간 금지됨. 2월, I.E.레핀과 N.N.게에게 서한을 보내 '중개인'에서 출판할 도서를 위한 일러스트를 그려 달라고 요청함. 5월, A.F.코니에게 서한을 보내 로잘리 오니와 유혹자에 대한 그의 이야기를 작품 소재로 사용할 수 있게 해 달라고 요청함. 이 이야기가 훗날 「부활」의 모티브가 됨. 검열당국에 의해 「매일을 위한 명언집」이 발간 금지됨. 5~6월, 딸들과 함께 농사일에 전념함. 6월, 여농(女農) 아브도티야 코필로바에게 오두막을 세워 줌.

1889년(61세) 1~2월, 「악마」, 「문명의 열매」, 「예술에 대하여」, 「Carthago delenda est」 등을 집필. 「부활」에 착수. 3월, 조각가 K.A.클로트의 「밭에서의 톨스토이」를 위해 모델을 해 줌. 아내 소피야 톨스타야의 번역으로 「인생에 관하여」의 프랑스어판이 나옴. 4~5월, 「크로이처 소나타」 집필. 잡지 「러시아의 자산」에 실릴 「예술에 관하여」 원고를 교정함. 12월, 야스나야 폴랴나 저택에서 「문명의 열매」 공연.

1890년(62세) 「부활」, 「문명의 열매」, 「세르기 신부」, 「크로이처 소나타 에필로그」, 「왜 스스로를 마취시키는가」, 「하느님의 나라는 우리 안에 있다」(「무저항에 관한 글」) 등을 집필. 1월, 연극 애호가들에 의해 페테르부르크에서 「어둠의 힘」 러시아 초연. 3월, 톨스토이 작품집 13권에 포함된 「크로이처 소나타」가 내무성 장관 I.N.두르노보에 의해 발간 금지됨. 4월, 연극 애호가들에 의해 툴라에서 「문명의 열매」 초연. 6월, 모든 작품에 대한 저작권을 사회에 환원하겠다고 아내 소피야에게 선언함.

1891년(63세) 「세르기 신부」, 「굶주림에 관하여」, 「첫 걸음」, 「빛은 어둠 속에서도 빛난다」, 「하느님의 나라는 우리 안에 있다」 등을 집필. 1월, 「Contemporary Review」지에 「왜 스스로를 마취시키는가」의 영역본이 게재됨. 3월, 「Review of Review」지에 「니콜라이 팔킨」의 영역본이 게재됨. 「어머니」(「어머니의 일기」) 착수. 4월, 아내 소피야가 출판 금지되었던 「크로이처 소나타」의 발간 허가를 얻어 냄. 5월, 제네바에서 「교리신학연구」 출판. 6월, 1881년 이후 쓰인 저작에 대한 저작권 포기를 발표하려 하자 아내 소피야 톨스타야가 자살을 기도함. 9~11월, 중부 러시아의 대기근으로 고통받는 툴라와 랴잔 주의 농민 구제 활동에 전념. 「굶주림에 관하여」 집필. 10월, 「굶주림에 관하여」가 실린 잡지 「철학과 심리학의 제 문제」가 검열국에 의해 발행 금지됨. 12월, 「굶주리는 민중에 대한 도움」, 「일꾼 예멜리얀과 빈 북」, 「대기근으로 고통 받는 민중을 구제하는 방법에 관하여」가 실린 모음집 발간.

1892년(64세) 1월, 농민 구제 활동을 이어감. 잡지 「러시아 통보」에 대기근 피해자를 돕기 위해 모집된 후원금의 사용 내역을 게재. 「굶주리는 민중에 대한 도움」이 검열에 의해 많은 부분 삭제됨. 모스크바 말르이 극장에서 「문명의 열매」 공연. 7월, 톨스토이에게 속한 모든 부동산을 아내와 자식들에게 양도한다는 재산 분할 증서에 서명함.

1893년(65세) 1월, 잡지 「북방 통보」에 「수라트의 찻집」이 실림. 2~7월, 세 차례에 걸쳐 베기쳅카 지역을 돌아보며 빈민 구제 사업 현황을 시찰함. 11~12월, 「하느님의 나라는 우리 안에 있다」 탈고. 「부작위의 죄」, 「종교와 도덕」, 「그리스도교와 애국심」, 「세 가르침」 등을 집필함.

1894년(66세) 1월, 베를린에서 「하느님의 나라는 우리 안에 있다」가 러시아어로 출판됨. 모스크바 심리학회의 명예회원으로 선출됨. 5~12월, 「그리스도교의 가르침」 집필. 9월, 「주인과 일꾼」 집필. 11월, 스위스에서 출판된 「4대 복음서의 통합, 번역, 연구」가 러시아 내무성에 의해 국내 반입 금지됨. 12월, 두호보르파 신자들을 만남. 「젊은 황제의 꿈」 집필. 잡지 「북방 통보」에 톨스토이가 번역하고 서문을 단 폴 카루스의 「카르마」가 실림. 「종교와 도덕」 집필.

1895년(67세) 1월, 「부활」, 「교리문답서」(「그리스도교의 가르침」), 「부끄러워라」 등을 집필. 2월, 9남 이반 죽음. 3월, 자신의 작품에 대한 저작권 일체를 사회에 환원하겠다는 유언장을 일기에 남김. 8월, 러시아에서 벌어지고 있는 두호보르파 탄압에 대한 공개 서한을 언론사에 보냄. A.P.체호프가 처음으로 찾아옴. 10~11월, 「어둠의 힘」이 모스크바 말르이 극장 초연에서 기립박수를 받는 등 러시아 전역의 극장에서 공연되어 대성공을 거둠.

1896년(68세) 1~4월, 「부활」, 「빛은 어둠 속에서도 빛난다」, 「그리스도교의 가르침」, 「하느님인가 재물인가」 등을 집필. 4월, M.M.홀레빈스키라는 의사가 금서 조치된 톨스토이의 저작을 유포했다는 이유로 체포되자 내무성과 법무성 장관에게 서한을 보내, 독자가 아닌 자신을 체포하라고 청원함. 볼쇼이 극장에서 바그너의 오페라 「지그프리드」를 관람함. 이 오페라에 대한 감상이 「예술이란 무엇인가」의 13장에 삽입됨. 5~11월, 「애국심인가 평화인가」, 「다가오는 종말」, 「자유주의자들에게 보내는 서간」 등을 집필. 「하지 무라트」 착수. 11월, 1895년 주류 전매 제도를 도입한 재무성 장관으로부터 정부가 설립한 금주회 활동에 동참해 달라는 요청서를 받았으나 거절함. 병역거부 운동으로 인해 정부로부터 심한 탄압을 받고 있던 카프카스 지역 두호보르파 신자들을 돕기 위해 비류코프와 트레구보프, 체르트코프가 쓴 호소문 「도와주십시오!」에 에필로그를 씀.

1897년(69세) 1월, 「예술이란 무엇인가」 집필에 전념. 1895년 아들 이반의 죽음 이후 음악에 빠져 있던 아내 소피야와의 관계가 계속 악화됨. 2월, 호소문 「도와주십시오!」 작성을 이유로 국외 추방된 체르트코프와 비류코프, 트레구보프를 배웅하기 위해 페테르부르크에 다녀옴. 4월, 음악원에서 A.G.루빈쉬테인의 학생극 리허설을 관람함. 「예술이란 무엇인가」의 첫 장이 이 리허설에 대한 감상으로 시작함. 7월, 야스나야 폴랴나와 아내를 떠나겠다는 내용의 편지 두 통을 아내 소피야에게 보냄. 카잔에서 열린 '일치와 화합을 위한 제3회 전 러시아 선교사 총회'에서 톨스토이의 종교적 활동이 그리스도교와 국가 질서에 반하는 매우 위험한 사상으로 규정됨. 11~12월, 「예술이란 무엇인가」를 탈고하여 잡지 「철학과 심리학의 제 문제」에 보냄. 12월, 「살아 있는 시체」를 구상.

1898년(70세) 3월, 두호보르파 신자들에 대한 이주 지원을 호소하는 글을 잡지 「러시아 통보」와 「페테르부르크 통보」, 그리고 영국과 미국의 여러 언론사로 보냄. 4월, 두호보르파 신자들의 이주 지원금을 모집했다는 이유로 잡지 「러시아 통보」가 2개월간 정간 당함. 4~5월, 툴라와 오룔 주의 빈민 구제를 위해 활동. 「기근인가 기근이 아닌가」 집필. 6월, 3년간 집필을 멈췄던 「세르기 신부」의 집필을 재개. 「위조 쿠폰」과 「세 가지 질문」에 착수. 7월, 가출을 결심함. 8월, 탄생 70주년 기념 축하회가 열림. 세계 각지로부터 축전이 도착함. 9월, 「부활」 집필을 위해 오룔 주의 감옥들을 시찰함. 10월, 잡지 「니바」와 「부활」의 출판 계약을 체결함. 「부활」로 받은 인세 전액을 4천여 두호보르파 신자들의 캐나다 이주 자금으로 기부함.

1899년(71세) 3월, 잡지 「니바」에 「부활」 연재 시작. 여름~가을, 「부활」 집필에 전념함. 「우리 시대의 노예제도」에 착수.

1900년(72세) 1월, 학술원 문학부문 명예회원으로 위촉됨. 2~6월, 「애국심과 정부」, 「우리 시대의 노예제도」 탈고. 체르트코프에 의해 영국에서 출판됨. 3월, 신성종무원은 '레프 톨스토이 백작이 참회하지 않고 사망할 경우 모든 종류의 추모와 위령 예식을 금지한다'는 결정을 내리고, 관할 교구 내 모든 성직자들에게 이 같은 결정을 따르도록 명령하라는 비밀 서한을 전 교구에 내려 보냄. 5~6월, 가족과의 불화가 심해져 가출을 계획함. 농부가 된 네흘류도프의 삶을 그린 「부활」의 속편을 구상. 가을, 「진정 필요한 일인가」와 「출구는 어디에 있는가」, 「시체」(「살아 있는 시체」)를 집필. 11월, 농민 작가 M.P.노비코프의 「농민의 목소리」를 읽고 깊은 감동을 받음. 12월, 11명의 두호보르파 여신자들이 야쿠티야 주로 유형 간 가족들과 함께 살 수 있도록 러시아 귀국을 허락해 달라는 내용의 청원서를 니콜라이 2세에게 보냄. 자전적 희곡 「빛은 어둠 속에서도 빛난다」 집필.

1901년(73세) 2월, 정교회에서 파문. 파문의 결정적인 계기는 「부활」의 출판으로, 신성종무원은 톨스토이가 이 작품에서 성찬식을 신성 모독한 것으로 간주함. 종무원의 결정이 공표되자 러시아 사회 전체에 격한 논쟁이 벌어짐. 4월, 「종무원에 보내는 답신」을 작성하여 자신의 종교관과 신앙을 역설함. 7월, 빈민들과 같은 방식의 장례와 저작권 포기를 당부하는 유서를 작성함. 8~9월, 건강이 악화되어 담석산통과 심장 기능 저하, 열병을 앓음. 9월, 아내 소피야와 함께 크림 반도로 요양을 떠남. 10~12월, 「종교란 무엇이며 그 본질은 어디에 있는가」, 「유일한 방법」, 「하지 무라트」 등을 집필.

1902년(74세) 「신앙의 자유」, 「노동하는 민중에게」를 집필. 2월, 폐렴으로 위독한 상태에 빠짐. 아내 소피야, 교회의 품으로 돌아오도록 톨스토이를 설득하라는 안토니 대주교의 충고 서간을 받음. 4월, 장티푸스를 앓음. 6월, 아내와 함께 야스나야 폴랴나로 돌아옴. 7~9월, 「하지 무라트」, 「위조 쿠폰」, 「노동하는 민중에게」, 「성직자에게」, 「빛은 어둠 속에서도 빛난다」, 「지옥의 붕괴와 부흥」을 집필하고, 「회상」을 구술함. 12월, 간염과 독감으로 위독한 상태에 빠짐. 검열국, 톨스토이 사망 시 보도 통제를 언론에 지시함.

1903년(75세) 1월, 「매일 읽는 현자들의 사상」 집필. 5월, 「정치인들에게」를 탈고하여 체르트코프에게 보내 영국에서 발표함. 여름, 「하지 무라트」, 「회상」, 「아시리아 왕 아사르하돈」, 「무도회가 끝난 후」 등을 집필. 8월, '중개인'에서 「매일 읽는 현자들의 사상」 출간. 가을~겨울, 「셰익스피어와 희곡에 대하여」의 초고 집필. 「신의 것, 인간의 것」, 「위조 쿠폰」, 「필요한 단 하나의 것」 등을 집필.

1904년(76세) 러일전쟁에 반대하는 「각성하라」 기고. 「위조 쿠폰」, 「어둠 속의 빛」, 「필요한 단 하나의 것」, 「러시아의 사회 운동에 관하여」 등을 집필함. 1월, 「지혜의 달력」 착수. 아내 소피야가 톨스토이의 자필 원고들을 역사 박물관에 기증함. 2월, 아내 소피야가 회고록 「나의 삶」을 쓰기 시작함. 3월, A.A.톨스타야 죽음. 8월, 형 세르게이가 위독하다는 소식을 듣고 피로고보로 감. 형이 사제를 청해 병자성사를 받도록 톨스토이가 설득함. 12월, D.P.마코비츠키가 가족의 주치의로 야스나야 폴랴나에 옴.

1905년(77세)   1월, 체홉의「귀여운 여인」에필로그를 집필.「코르네이 바실리에프」,「알료샤 고르쇼크」,「기도」,「산딸기」,「대죄」,「세기 말」,「세가지 거짓」,「푸른 지팡이」등을 집필.「수도사 표도르 쿠지미치의 유고」착수. 페테르부르크에서 있었던 '피의 일요일'에 대한 기사를 읽음. 2월, 모스크바에서 있었던 세르게이 알렉산드로비치 대공의 암살 소식을 듣고 큰 충격을 받음. 8월, '수도사 표도르 쿠지미치의 시선으로 본 알렉산드르 1세 이야기'를 집필하고 싶다는 희망을 마코비츠키에게 전함. 10월, V.V.스타소프에게 서간을 보내 '러시아에서 일어나고 있는 혁명 운동에 있어 민중의 편에 서고 싶다'는 의사를 표명함. 국민의 기본권과 시민적 자유를 약속한 니콜라이 2세의 칙령을 읽고 '민중을 위한 것은 아무것도 없다'고 실망함.

1906년(78세)   「무엇을 위하여」,「꿈에서 본 것」,「정부, 혁명가, 민중」,「러시아 혁명의 의미」,「무엇을 할 것인가」,「자신을 믿어라」등을 집필. 8월, 아내 소피야, 건강이 악화됨. 11월, 딸 마리야 오볼렌스카야 죽음.

1907년(79세)   1~4월,「아동을 위한 그리스도의 가르침」집필. 2월, 야스나야 폴랴나 농민 학교를 부활시킴. 3~5월,「우리의 인생관」집필. 4월,「삼 세기」를 구상하였으나 집필에 착수하지 못함. 4~5월,「그리스도교를 믿는 민족들, 특히 러시아 민족이 비참한 상황에 놓인 이유는 무엇인가」집필. 5월, 아내 소피야의 남동생 뱌체슬라프 베르스가 급진 사회혁명당원에 의해 암살됨. 7월, 국무총리 P.A.스톨리핀에게 서간을 보내 러시아 농민들의 상황을 알리고 토지 사유제를 폐지할 것을 호소하였으나 스톨리핀은 답신에서 토지 사유제의 정당성을 역설함. 7~8월,「살인하지 말라」,「도덕적 문제에 대한 아이들과의 대화」등을 집필. 9~10월, 새「지혜의 달력」집필에 전념함.

1908년(80세)   1월, 툴라의 사제 D.E.트로이츠키가 마지막으로 방문하여 정교회로 돌아올 것을 요청함. 에디슨이 축음기를 보냄. 2월, 야스나야 폴랴나의 농민 아이들을 가르침. 5월, 사후 저작권 문제에 대해 아내와 상의함. 6월, 영구 귀국한 체르트코프가 야스나야 폴랴나 근처로 옮겨 옴. 7월, 가출에 대한 강한 의지를 일기에 남김. 사형 제도에 반대하는 「침묵할 수 없다」를 국내외 언론을 통해 발표. 8월, 건강이 악화됨. 모든 작품에 대한 저작권을 사회에 환원하고, 어떤 교회식 장례 절차 없이 '푸른 지팡이'의 자리에 매장해 달라는 유언을 남김. 신문 「새로운 루스」에 '정교의 믿음에 반하는 톨스토이의 80세 생일에 대한 일체의 축하 행사에 참가하지 말라'는 신성종무원의 권고가 실림. 8~9월에 걸쳐 세계 각지로부터 2,000통이 넘는 축전이 도착함. 「아동을 위한 그리스도의 가르침」, 「폭력의 법칙, 사랑의 법칙」, 「사랑의 축복」, 「그리스도교와 사형 제도」, 「지혜의 달력」을 집필.

1909년(81세) 1월, 「수도사제 일리오도르」, 「행인과의 대화」, 「세상에 죄인은 없다」, 「시골 마을의 노래」, 「꿈」, 「의식의 혁명」, 「유일한 계율」 등을 집필. 툴라의 교회와 경찰 당국이 아내 소피야에게 톨스토이의 죽음이 임박할 경우 곧바로 관에 알리도록 강요함. 3월, 신문 「러시아 어문」에 「고골에 관하여」 발표. 7월, 스톡홀름에서 열린 제18회 세계평화회의에 초대받음. 저작권과 재산권 문제로 가족들과 첨예하게 대립함. 재산을 정리하고 가출하고 싶다는 글을 일기 곳곳에 남김. 8월, 금서를 유포하고 혁명을 선동했다는 이유로 비서 구세프가 체포됨. 9월, 마지막으로 모스크바를 방문함. 모스크바에서 떠날 때 수많은 군중이 그를 에워싸고 박수갈채를 보냄. 간디로부터 인도의 예속 상황에 대한 편지를 받음.

1910년(82세) 1~2월, 문집 「인생의 길」, 「호드인카」, 「보답하는 대지」, 「모든 악은 여기에서 나온다」, 「사회주의에 관하여」 등을 집필. 5월, 아내 소피야, 히스테리를 일으켜 가출함. 7월, 그루만트 마을 근처 숲에서 비밀리에 최종 유언장을 작성함. 8월, 가족 몰래 유언장을 작성한 것을 후회함. 아내 소피야, 톨스토이의 장화 속에서 '나만을 위한 일기'를 발견함. 9월, 아내 소피야가 자신을 '정상적인 판단을 할 수 없는 건강 상태'로 몰고 가 유언을 무효화하려 한다는 글을 일기에 남김. 10월 24일, M.P.노비코프에게 편지를 보내 가출 계획을 알리고, 자신이 머물 집을 알아봐 달라고 요청함. 10월 27일, 아내에게 보낼 이별의 편지를 씀. 10월 28일, 마코비츠키와 함께 야스나야 폴랴나를 몰래 떠나 여동생 마리야 니콜라예브나가 있는 샤모르지노 수도원으로 감. 옵티나 수도원에 들러 여동생의 고해 사제인 이오시프 신부를 만나려고 했으나 출입이 금지됨. 10월 31일, 아내 소피야 톨스타야가 올지도 모른다는 딸 알렉산드라의 이야기에 급히 샤모르지노를 떠남. 노보체르카스크에 있는 조카를 만난 뒤 불가리아로 갈 계획을 세웠으나 고열과 오한으로 아스타포보 역에서 하차, 역장 I.I.오졸린의 숙사로 감. 톨스토이의 가족과 전국 각지의 기자들이 아스타포보에 도착함. 의사들의 결정에 따라 아내와 아이들을 환자에게 들여보내지 않음. 11월 3일, 속히 참회하고 교회의 품으로 돌아오라는 대주교 안토니의 전보가 도착함. 톨스토이에게는 보여 주지 않음. 11월 5일, 옵티나 수도원장 바르소노피가 찾아와 면담을 요청했으나 딸 알렉산드라가 거절함. 11월 7일, 아내 소피야 톨스타야가 이미 의식이 없는 톨스토이를 만남. 오전 6시 5분, 톨스토이 영면. 11월 9일, 야스나야 폴랴나에서 수많은 군중이 모인 가운데 영결식이 거행됨. 자신의 유언대로, '푸른 지팡이'가 묻혀 있다는 숲에 묘비나 표석 없이 묻힘.

톨스토이 클래식 11
인생론

초판 인쇄 2020년 8월 14일
초판 발행 2020년 8월 21일

지은이 레프 톨스토이
옮긴이 방교영

펴낸이 김선명
펴낸곳 뿌쉬낀하우스
편집 엄올가, 박현선
디자인 김율하
주소 서울시 중구 동호로 15길 8, 리오베빌딩 3층
전화 02)2237-9387
팩스 02)2238-9388
이메일 book@pushkinhouse.co.kr
홈페이지 www.pushkinhouse.co.kr
출판등록 2004년 3월 1일 제 2004-0004호

ISBN 979-11-7036-038-4
     979-11-7036-027-8 (세트)

Published by Pushkin House. Printed in Korea
Copyright ⓒ 2020 pushkin House
        ⓒ 방교영

저작권법에 의해 보호를 받는 저작물이므로 무단 전재와 무단 복제를 금합니다.